監修者——五味文彦／佐藤信／高埜利彦／宮地正人／吉田伸之

［カバー表写真］
江戸日本橋越後屋周辺
(『熙《き》代《だい》勝《しょう》覧《らん》』)

［カバー裏写真］
大坂東横堀川北端周辺
(「大坂市街図屏風」)

［扉写真］
京都上京周辺
(「洛中絵図」)

日本史リブレット 35

町屋と町並み

Ito Takeshi
伊藤　毅

目次

①—町屋とはなにか

町屋と都市

本書は日本の伝統的都市建築である町屋《まちや》の展開を京都・大坂・江戸などの都市史と絡めながら概観しようとするものである。日本各地に残る町屋は貴重な文化財であるとともに、日本の都市の歴史を伝える生き証人でもある。しかし第二次世界大戦後、都市化が急速に大都市を中心に進展し、町屋はつぎつぎとその姿を消していった。

近年、町屋をレストランなどに改造する事例が多くなり、町屋の再発見が行われているが、町屋が本来もっていた都市的な文脈はすでに失われてしまったかのようにみえる。そして町には高層の集合住宅やオフィスビルが林立している。これらははたして都市建築といえるのか。都市と建築の有機的な回路を現代都市から読みとることはますます困難になってきている。町屋と都市の歴史をたどることは、現代都市がすでに喪失してしまったなにかを再考することにもつながるのではないか。

民家の一類型としての町屋

町屋は通常、建築史では「民家《みんか》」▲の一類型として位置づけられている。民家という語はすでに『吾妻鏡《あずまかがみ》』▲文治《ぶんじ》二（一一八六）年五月二十五日条に源行家《みなもとのゆきいえ》▲が和泉《いずみの》国《くに》小木郷《おぎごう》（現大阪府貝塚市《かいづか》付近）の平清実《たいらのきよざね》宅から逃れて潜伏した家を「民家二階之上」と記しているように、鎌倉《かまくら》時代には登場する。民家とならんで「民屋《みんおく》」という語も頻出する。しかし現在使用されているような「民家」が学術用語として定着するのは大正期のことで、失われつつあるバナキュラーな民衆の住宅を「採集」しはじめた民俗学者によるものである。

この民俗学の民家調査を継承した建築史の分野では、支配者層である貴族《きぞく》や武士《ぶし》などの住まいを「住宅」、一般庶民のそれを「民家」（「住居」と呼ぶ研究者もいる）と大別している。民家のなかには、さらに農家・漁家・町屋という細分類がある。これには太田博太郎による明快な分類があって、高床《たかゆか》式を起源とし、寝殿造《しんでんづくり》▲や書院造《しょいんづくり》▲へと発展する、床をもつ住まいと、生活面が土間《どま》であった竪《たて》穴《あな》式の系統を引くものがそれぞれのタイプに対応する。たしかに農家や町屋には「通りにわ」と呼ぶ土間があり、戦後になって住まいの近代化が進むにつれて

▼**民家**　民家史では農家と対比させるために「町家」と表記するのが一般的であるが、本書では都市における建築と敷地の双方を含意する「町屋」という語を用いている。

▼**『吾妻鏡』**　鎌倉幕府の歴史を編年した史書。一一八〇（治承《じしょう》四）年源頼政《よりまさ》の挙兵から一二六六（文永《ぶんえい》三）年宗尊親王《むねたかしんのう》の京都送還までの記事を載せる。鎌倉時代の根本史料。

▼**源行家**　源為義《ためよし》の十男。一一八〇（治承四）年以仁王《もちひとおう》の令旨《りょうじ》を奉じて東国《とうごく》へ下向《げこう》、源頼朝をはじめとする諸国の源氏《げんじ》に蜂起をうながした。その後、頼朝と不和になり木曽義仲《きそよしなか》とともに行動する。和泉国小木郷に潜伏しているところを捕えられ梟首《きょうしゅ》された。

▼**寝殿造**　平安時代後期に成立した貴族住宅の形式。中央やや北寄りに主屋《しゅおく》である寝殿が南面し、その東西には対屋《たいのや》または対代《たいだい》がお

土間が板張《いたばり》に改造されるようになるまでは、この土間はまるで民家の遺伝子のように長いあいだ残存していた。ここでは住宅—民家（住居）という区別は設けずに、すべて「住宅」という語で統一したい。その理由は本書のなかで徐々に明らかになるだろう。

都市建築としての町屋

町屋を民家の一類型とする見方は大筋においてまちがっていないが、このようなとらえ方では、町屋の都市建築としての特性を十分に表現することができない。上田篤はこの点で思い切った町屋の定義をしている。上田は町屋の都市建築としての側面を重視し、町屋とは⑴接道《せつどう》、⑵接隣《せつりん》、⑶接地《せっち》の三つの性格をもつ建築であると述べた。町屋はたしかに建築の正面が直接道路に接し、それが道にそって一列にならぶ接地型住宅である。この定義は建築的立場からみた場合、町屋の特性をあますことなく表現しているかのようにみえる。接道・接隣・接地という語呂のいい言い方も魅力的である。

しかし、上田の定義は京都あるいはその系譜を引く近世の都市部における町

かれる。寝殿と対屋は二棟廊《ふたむねろう》・渡殿《わたどの》によって連結。対屋からは南に向かって中門廊《ちゅうもんろう》が伸び中門を設ける。寝殿の南には南庭および池《ち》水《すい》・中島《なかしま》からなる庭園が広がる。敷地の周囲には築地塀《ついじべい》がめぐり、東・西・北に門が開かれた。

▼**書院造**　室町《むろまち》時代後期から江戸《えど》時代初頭にかけて成立した住宅形式。畳をしきつめた諸室からなり、武士住宅では対面儀礼のために床レベルや天井・室内意匠を変えた上段・中段・下段の間《ま》をおく。最上級の上段の間には床・棚・書院・帳台構《ちょうだいがまえ》などのいわゆる座敷飾を備えた。

屋を強く意識したものであって、地方の街村における町屋のように、隣棟《りんとう》間隔をたっぷりとってならぶタイプにはうまくあてはまらない。それに日本の前近代の建築はまれに川上に差しかけられた町屋もなくはないが、地面の上に立つのが当たり前だから、(3)の接地という属性も特別な意味をもつものとはいえない。とすると、上田のあげた三つの性格のうち(2)と(3)は消え、(1)の接道のみが町屋の主要な建築的属性として残ることになる。

町屋と商業

町屋の質的な面に目を移すと、町屋を商家とほぼ同義とする見方はかなり根強く存在してきた。これはおもに中世商業史のなかで形成されたイメージであって、たとえば豊田武は古代の仮設の市屋《いちや》が中世の流通経済が発展するなかでやがて常設の店舗として定着していく道筋を跡づけた。豊田によると、南北《なんぼく》朝《ちょう》期以降こうした流れが顕著になって、常設店舗としての町屋が成立するという。このストーリーはいかにも妥当のようにみえるが、平安《へいあん》末の『年中行事《ねんじゅうぎょうじ》絵巻《えまき》』▲や『信貴山縁起《しぎさんえんぎ》絵巻』▲にはすでに町屋の原型と目される住宅が描かれて

▼『年中行事絵巻』　平安時代後期の朝廷や貴族の年中行事を描いた絵巻。当初は六〇巻におよぶ絵巻であったというが、江戸初期までにすべて失われた。しかし一部は模本によって伝えられ、平安時代の行事や風俗・建築を知るための基本的な絵画資料。

▼『信貴山縁起絵巻』　十二世紀に成立。大和《やまと》国信貴山で修行した命蓮上人《みょうれんしょうにん》にまつわる三つの説話をもとにした絵巻。平安時代後期の地方の庶民生活の情景をいきいきと伝える。

いるのをどう説明するか。また保立道久が鎌倉期の地方の街村でみいだした疎《そ》塊《かい》状の在家のあり方は、素朴ではあるが明らかに町屋として認められるものであって、町屋が南北朝期まで存在しなかったという説は成り立たない。町屋の形成にとって商業が果たした役割が大きかったことは疑いないが、町屋を商家として狭く定義してしまうと右のような問題が残るのである。

野口徹は中世京都の町屋の成立を、下級官人《かんじん》層の長屋《ながや》型の供給住宅がやがて面路化し独立化していくプロセスのなかで位置づけた。ここでは町屋にとって商業は二義的な意味しかなく、むしろ同じようなユニットが列状にならぶ長屋型建築のあり方と、道と建築との密接不可分な関係が鋭く抽出されている。

接道性と沿道性

以上のような議論を踏まえて、ここでは町屋をつぎのように定義したい。(1)接道性、かつ(2)沿道性をもつ住宅として。(1)の接道性はすでに述べたように町屋の建築的な属性としては、もっとも基本的なものである。一方、町屋は町の成立とも密接な関係にあることを前提にした場合、強い空間軸(=道と考えてよい)にそって比較的均等な単位が連続することも、町屋のもう一つの属性として重要である。その単位は必ずしも軒を接するようにとなりあう必要はなく、一定の隣棟間隔をおいたとしても全体としては道にそって立つことが重要である。また町屋が住宅であるという条件もはずせない。

のちに日本の都市に定着する短冊型地割《たんざくがたじわり》▲は、町屋の接道性と沿道性に強い相関をもっている。間口《まぐち》と奥行《おくゆき》からなる都市型地割の区画は古代条坊制《こだいじょうぼうせい》▲から存在するが、それが建築タイプと関係をもちはじめるのは古代末から中世にかけてのことであり、そこには街区の表層で展開した町屋の形成が想定できる。

このように都市建築としての町屋を接道性・沿道性で定義した場合、その他の類型はどのようになるのだろう。たとえば農家を取り上げよう。農家のタイプは一般的に門を構え、敷地の周囲には塀《へい》や垣《かき》などの境界装置が取り囲む。主《しゅ》屋《おく》は敷地の奥に立ち、その前面に庭を設ける例が多い(図1)。このような配置形式は町屋のもつ接道性・沿道性と対極の位置にあるといっていいだろう。農家にとって道は必ずしも重要な意味をもたず、場合によっては細い引込み型の路地があれば十分である。敷地はそれ自体閉鎖的で完結しており、道にそうと

▼**短冊型地割**　宅地の形状で間口が狭く奥行の深い短冊状の土地が道路にそってならぶ。

▼**古代条坊制**　日本古代の都《と》城《じょう》(宮都《きゅうと》)にほどこされた方格状の都市計画。宮に達する中央の南北道路朱雀大路《すざくおおじ》の東西に左京《さきょう》・右《う》京《きょう》がおかれる。大路で区切られた区画を坊《ぼう》と呼び、坊の東西の配列を条と呼ぶ。

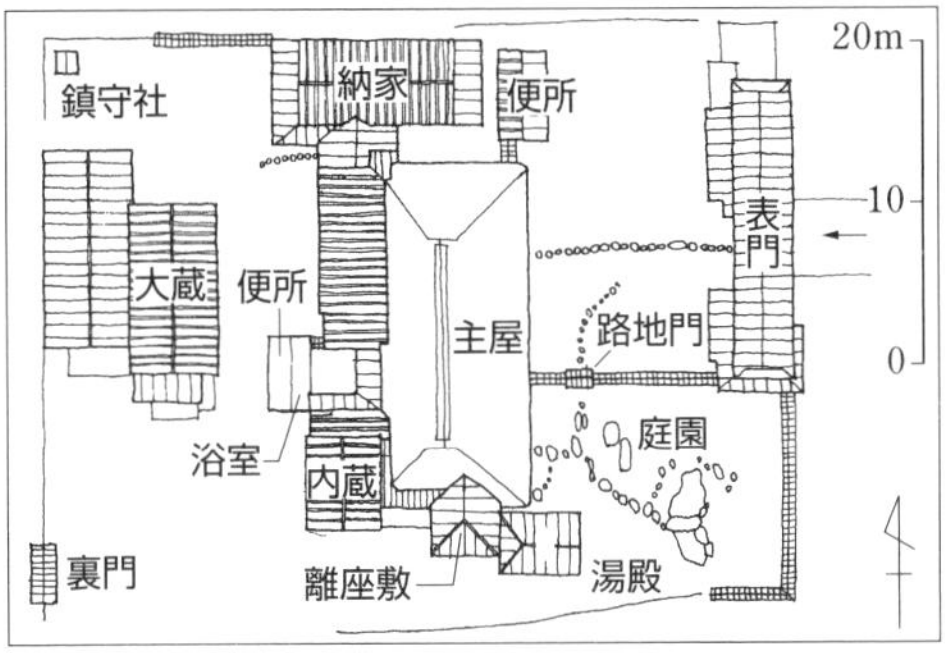

●図1　農家の配置形式

いう意識も希薄である。つまり農家は非接道型・非沿道型住宅ということができる。

配置形式のみに注目すれば、古代の寝殿造や中世の武士館、近世の書院造もこの系列にある。住宅の形式は各時代の社会や文化、あるいは地域性などに深く関係しているから、いたずらな単純化は厳に慎むべきであるが、逆に住宅の分析に身分差や社会階層をもちこむ従来の研究態度が、これらを統一的に理解する途を阻んできたことも確かである。建築の物理的な配置形式からみれば大きく分けて、接道型と非接道型があり、前者は沿道性を強くもつ町屋がその代表例、後者は総じて屋敷型ともいうべきカテゴリーに属するものとしてここでは理解しておきたい。

境内と町

というのは都市における二つの基本的な空間類型と建築の形式が強い相関をもっているからである。かつて日本の中世都市を空間的に理解するための指標として、「境内《けいだい》」と「町《まち》」という対照的な二つの空間類型を提示したことがある。

●—表1　境内と町

境　内	町
中核の存在(都市領主の館や寺社境内の中枢部分など)	原則として核は不在
核を中心とした同心円状の面集合	道や水系などを基軸とした線形集合
重層的な領域構造(中心から外に向かってヒエラルキーをともなう)	均等な単位の連続
閉鎖系の集合(結界と囲繞)	開放系の集合
一円性とその論理(聖域性，土地所有など)	境界性・両義性
家産的集合	脱家産的集合
定着性	流動性
非接道型建築(境界装置で囲まれた屋敷型建築)	接道型建築(町屋系の建築)

その概略はつぎのようである(表1・図2)。

まず「境内」は、寺院境内に代表されるように、(1)中核が存在する(一般的には領主《りょうしゅ》を想定しているが、寺院伽藍《がらん》のように象徴的な核であってもよい)。(2)全体的な空間構成は核を中心とした同心円状の面集合を形成する。(3)中心から周縁に向かってヒエラルキーが存在する。(4)「境内」領域は求心的な力学が働く場であって、領域を可視化するために結界がめぐらされる場合がある。したがって閉鎖系の集合ということができる。(5)「境内」領域は領主による支配領域であって、一円性を貫徹する論理が存在する。(6)家産的な集合を形成する。(7)これを建築のモデルにおきかえると、周囲に塀をめぐらし、主要な殿舎を中央におく屋敷型建築ということになる。寝殿造や書院造の住宅、武士館、寺社の伽藍などがこの系列に属する。

一方の「町」は、街村的な集合を念頭においたものであって、(1)「境内」とは異なり、原則的に核をもたない。(2)道などを中軸とした線形集合となる。(3)構成要素は原則的に均等な単位であって、これらが軸にそって連続することによって集合が形成される。(4)開放系の集合である。(5)境界的な場に形成されること

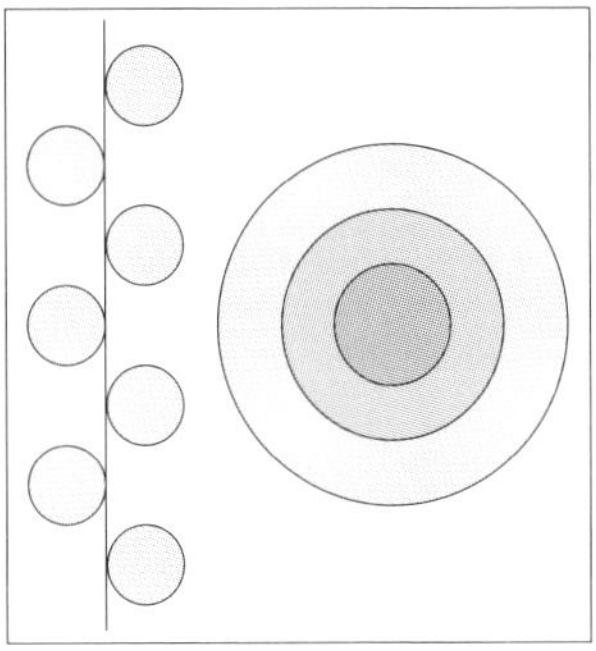

図2　境内（右）と町（左）概念図

が多く、領域的にみれば両義的性格を呈するケースも認められる。(6)イエ的な論理に包摂されない脱家産的性格をもつ。(7)建築的には道路に接して建築がならぶ「町屋」型建築である。

寺社境内や武士の館などに代表される境内は、基本的にイエ的な集合ということができる。一向宗《いっこうしゅう》における一家衆《いっけしゅう》、寺院における子院《しいん》、武士の家子《いえのこ》や家《か》中《ちゅう》などの語には擬制的なイエ社会の一員という意味が託されている。こうした垂直的結合は境内の同心円的かつ重層的な空間とよく符合する。

一方、町を構成する要素は原則的にこうしたイエ社会の拘束を受けない水平的・流動的なものが想定される。道路にそってならぶ町屋の景観はフラットな集合であり、中世の芸能民・商人・職人は脱家産的な社会に生きる遍歴の民であった。

中世の都市をかりに境内と町の組合せでとらえるとどのようになるだろうか。町系の都市として、市《いち》町・宿《しゅく》町・港町があげられる。これらは単線の街道沿いに展開したものから、その後軸の延伸・分岐・副軸化などをへて複雑な形になったものまであるが、基本的にはリニアな（線形の）集合をベースにしている。

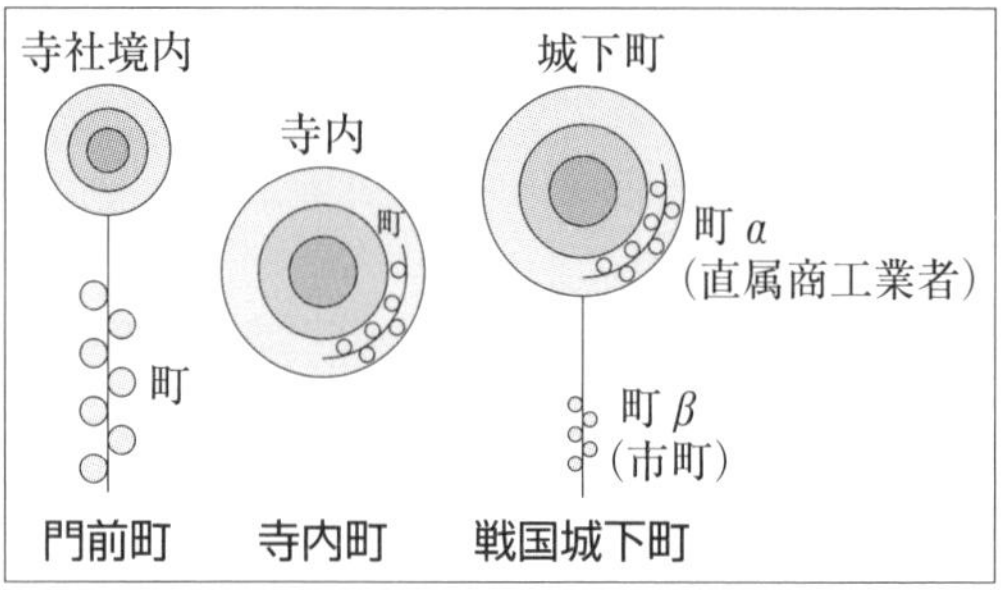

●──図3　門前町・寺内町・戦国城下町概念図

門前町《もんぜん》は寺社境内とそれに向かう参道沿いの町場という組合せであるから、「境内＋町」という図式で理解できる。寺内町は寺内に町が包摂されるので、「境内∪町」と表現できる。武士の館を原型にもつ戦国城下町《じょうかまち》は、イエ社会に包摂される町（町α）と城下の地理的に離れた場所の市町（町β）の二元構造をもつ。したがって戦国城下町は「境内∪町α＋町β」と表記しうる（図3）。

このように日本の中世都市には多くの種類があるが、空間的にみた場合境内と町という二つの類型の組合せで説明が可能である。つぎにみる平安京《へいあんきょう》の中世化も街区や塀で囲まれた寝殿造を境内的な空間とみれば、その内部や表層に辻《ず》子《し》や町屋などの線的な要素が貫入していくプロセスとらえなおすことができる。

②―町屋の形成 ―― 古代から中世へ

平安京の変容

律令制《りつりょうせい》がしだいに弛緩し平安京《へいあんきょう》が中世都市化するなか、都市空間のフィジカルな構成も大きく変化する。この変化は明らかに都市住宅としての町屋《まちや》が成長していく過程と密接な関係をもっていた。以下、いくつかの具体例をみよう。

十世紀以降低湿地右京《うきょう》が衰退し、左京《さきょう》が都市的な中心になる。東京極《きょうごく》の東の京外に「白河《しらかわ》▲」「六波羅《ろくはら》▲」、平安京北限の一条大路《いちじょうおおじ》以北の「一条北辺《きたのへ》▲」、南の「鳥《と》羽《ば》」における鳥羽離宮《りきゅう》の建設(十一世紀末)など京外の建設があいつぐ一方、東山《ひがしやま》では古代以来の祇園社《ぎおんしゃ》・清水寺《きよみずでら》はもとより院政《いんせい》期から鎌倉《かまくら》時代にかけて多くの寺院が建設され、複合的な一大宗教都市領域が形成される。このように律令制の支配装置として本来厳格な左右対称を理念としていた平安京は大きく変容をとげることになる。

条坊《じょうぼう》制に基づく街区内宅地割は四行八門《しぎょうはちもん》制と呼ばれる。これは街区内に南北の小路《こうじ》をとおし、各宅地は東西からアプローチをとることが前提となってい

▼**白河**　京都の鴨川《かもがわ》の東側一帯の地名。平安末期、院御所や六《りく》勝寺《しょうじ》が京外の当地に営まれて以来都市化が進みおおいに繁栄した。

▼**六波羅**　京都東山《ひがしやま》の鳥辺山《とりべやま》西麓一帯の地名。六波羅蜜寺《ろくはらみつじ》や珍皇寺《ちんのうじ》があり、鳥辺野《とりべの》へと向かう葬送の地であったが、十二世紀初頭、平清盛《たいらのきよもり》の祖父正盛《まさもり》が珍皇寺付近に邸宅を構えて以来、清盛の代にいたり六波羅は平家《へいけ》一門の本拠地となる。鎌倉時代には六波羅探題《たんだい》がおかれ、京都における「武家地」の様相を呈した。

▼**一条北辺**　一条大路の北部一帯の地名で、平安京最北端にあたる。

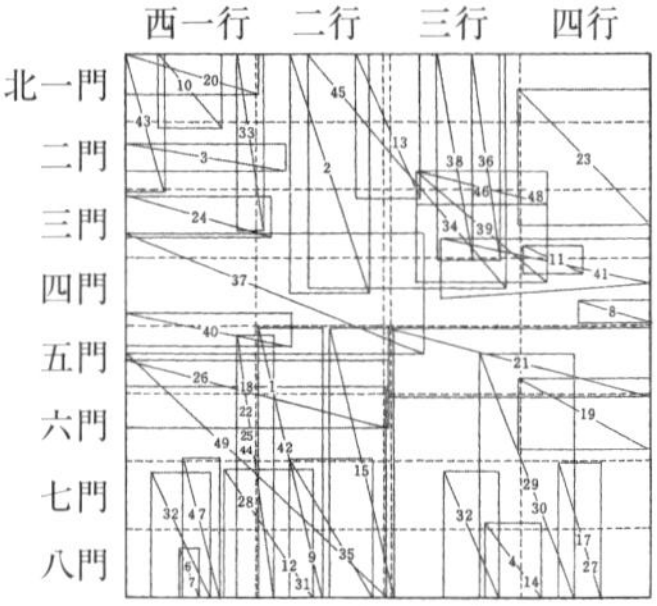

1187～1226年，39年，47例

●──図4　宅地割の崩壊

た。しかし平安後期から鎌倉初期にかけての土地売券《とちばいけん》によると、これに従うものはしだいに減少し、各宅地は街区四周の道路に面して狭い間口《まぐち》を開く、奥行《おくゆき》の深い形状に変化する（図４）。

十二世紀にはいると、それまでの官設市場《いちば》であった東西市《いち》にかわって民間の商業地区「町《まち》」が登場する。町は当時一大商業地区を形成していた左衛門《さえもん》町・修《しゅ》理職《りしき》町に通ずる「町口《まちぐち》小路」「町尻《まちじり》小路」と東西の大路が交差する周辺の繁華な場所に立地した。町口・町尻小路はやがて「町《まち》」と呼ばれるようになり、条坊制において街区を意味していた町《ちょう》が、道路名としての町《まち》へと構造変化をとげる。このころ条坊制道路名とは異なる慣用道路名が数多く発生しており、道路空間が都市の生活や商業の舞台となっていったことを物語っている。

行門制では東西の道から入口をとる二面《にめん》町であったが、しだいに街区四周に間口を開く宅地がふえることによって、道路の重要性が高まり、街区の表層を「面《めん》」「頬《つら》」と呼ぶ事例が登場する。かくして二面町は街区四周に開く「四面町」となり（十二世紀後半）、それぞれの面が地域的まとまりをもつ「四丁《よんちょう》町」をへて（十四世紀末。図５）、応仁《おうにん》の乱《らん》以降、道路を挟んで両側が一体化した地縁共同

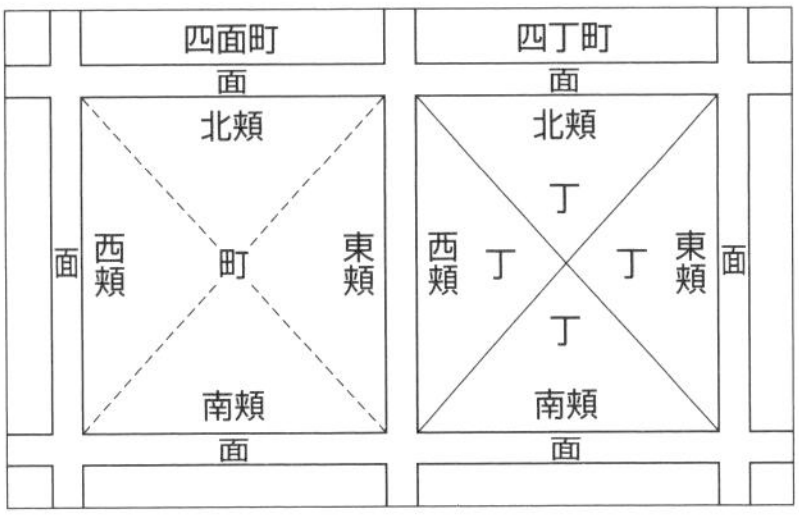

●── 図5　四面町から四丁町へ

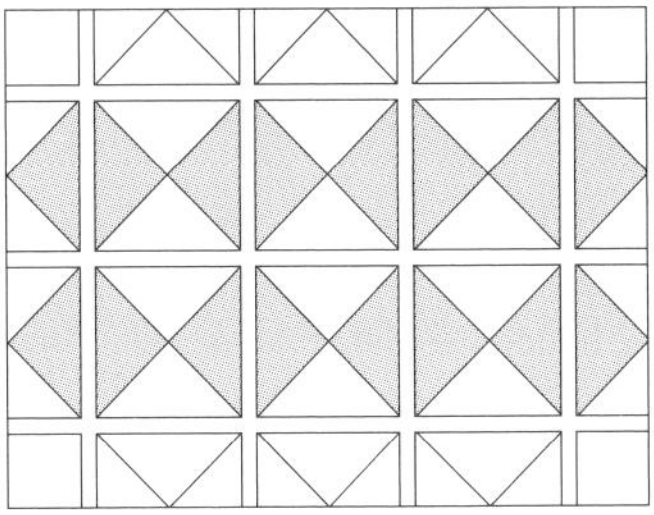

●── 図6　両側町

体としての「両側町《りょうがわちょう》」の成立をみる(図6)。

平安京の中世化の重要な都市的現象として、辻子《ずし》の発生と道路の巷所《こうしょ》化があげられる。辻子は街区内にあらたにとおされた小路のことをさし、主として街区内部の空閑地《くうかんち》を再開発するために設けられた。高密な都市化が進行していた上京《かみぎょう》で多くの辻子が発生している(図7)。

一方、巷所は条坊制による大路・小路が占拠され宅地や耕地になった部分をさす。平安京南端の東寺《とうじ》周辺の巷所の多くは耕地化したもので、都市の農村化現象とみることができるのに対し、左京中枢部における巷所は宅地化されたもので、活発な都市化現象を反映したものである(図8)。

一連の平安京の中世都市化の最終的な到達点は、戦国期の京都における上京・下京《しもぎょう》の成立である。京都の中心部では地縁共同体としての町《ちょう》と都市住民である町衆《まちしゅう》が成長し、祇園会《え》などを媒介としながら十六世紀には町の連合体である町組がつぎつぎと結成され、自治的な活動を行うようになる。その中心となったのが上京と下京であって、それぞれ戦国期の混乱期にみずからの生活空間を守るべく、周囲に「構《かまえ》」や「町の囲《かこい》」と呼ばれる要害施設をめぐらし、二大都市

図7　辻子の発生

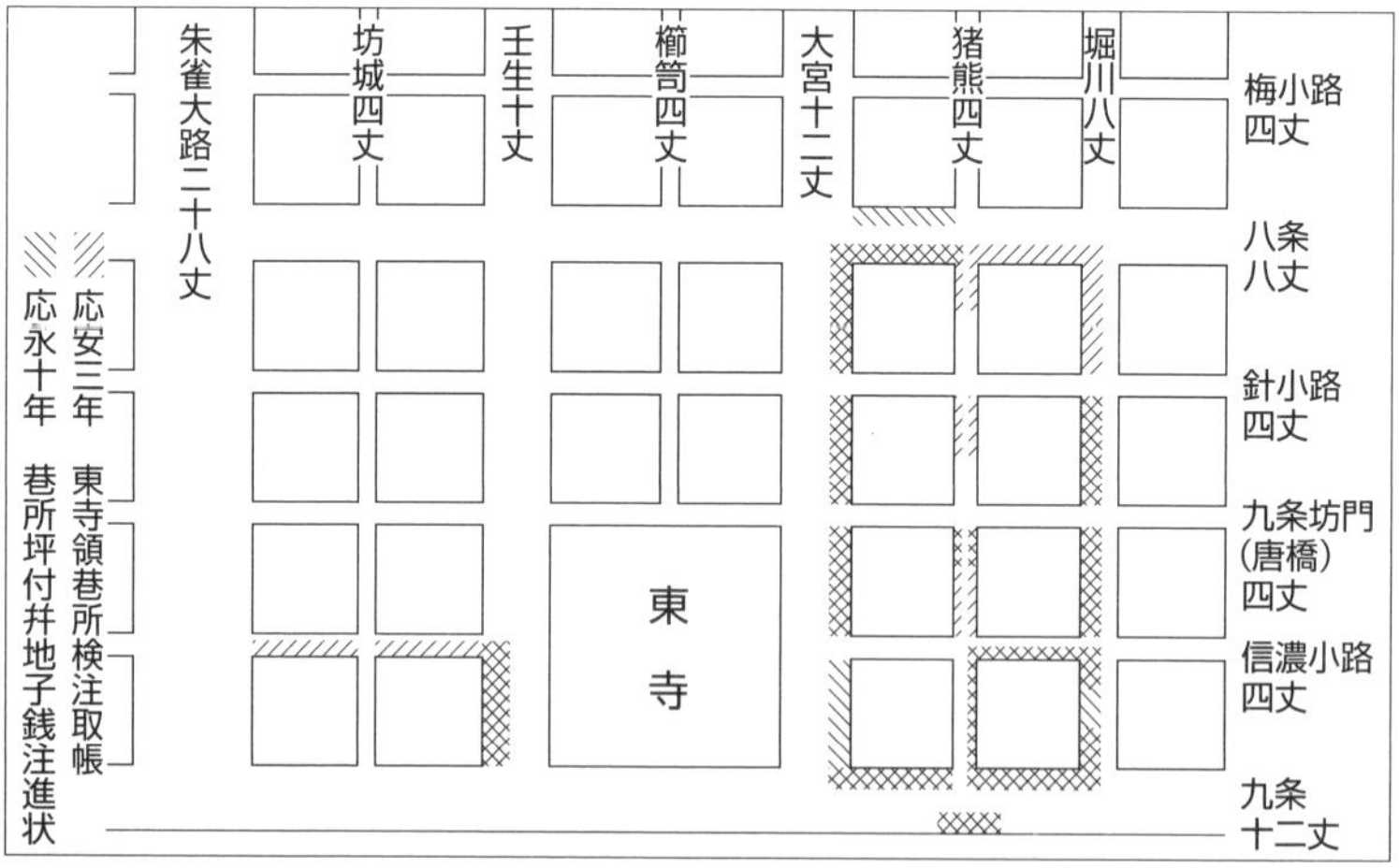

図8　東寺周辺の巷所の分布

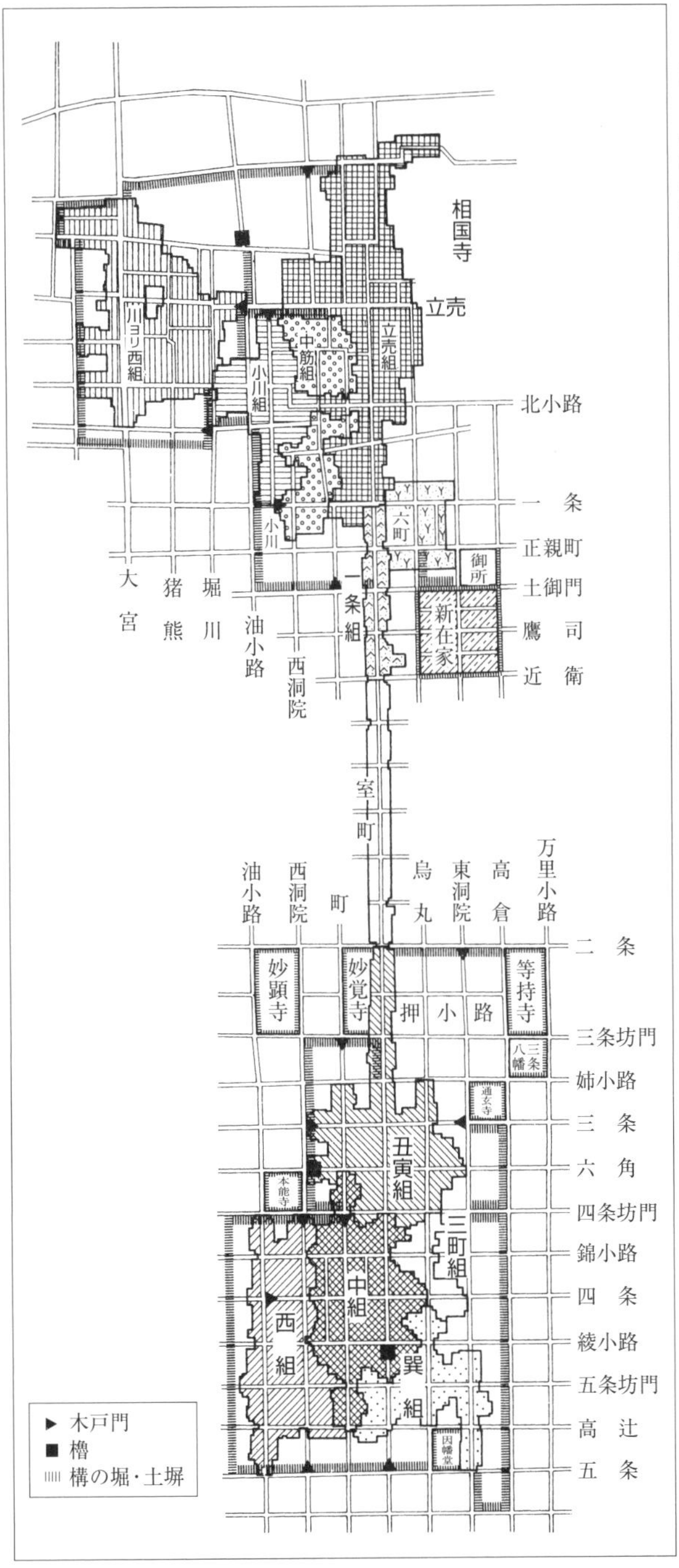
相国寺
立売
川ヨリ西組
中筋組
立売組
小川組
北小路
一条
六町
小川
正親町
御所
土御門
一条組
新在家
鷹司
近衛
大宮
猪熊
堀川
油小路
西洞院
室町
油小路
西洞院
町
烏丸
東洞院
高倉
万里小路
二条
妙顕寺
妙覚寺
押小路
等持寺
三条坊門
三条八幡
姉小路
通玄寺
三条
丑寅組
六角
本能寺
四条坊門
三町組
錦小路
中組
四条
西組
綾小路
巽組
五条坊門
高辻
因幡堂
五条
木戸門
櫓
構の堀・土塀

図9 戦国期の上京・下京

集落を形成していた（図9）。

町屋の形成

以上みてきた平安京の変容を推し進めた社会背景はさまざまに想定しうるが、その根本的な原因は、平安京が本来有していた宮都《きゅうと》としての性格、すなわち天皇を中心に支配者層が結集する場という基本原理が瓦解し、国家による規制が無力化したなかで、個別分散的で無秩序な開発行為が都市のそこかしこで行われていったことにある。宅地割の崩壊や辻子の発生などのなし崩し的な変化はこうした背景を想定しないと説明がつかない。

その一方で一連の都市空間の変容を促進したものとして町屋の形成があげられる。二面町から両側町への街区の構造変化は、まさに町屋の宅地割が街区の表層を覆っていくプロセスで進行したはずだし、街区を割りだす境界線としての道路に慣用道路名がつき、まるでネガとポジを逆転するように都市生活の実体的な空間となっていくためには、道路に建築物が接道する都市型建築の成立が必要であった。

●―図10　小野宮第とその周辺

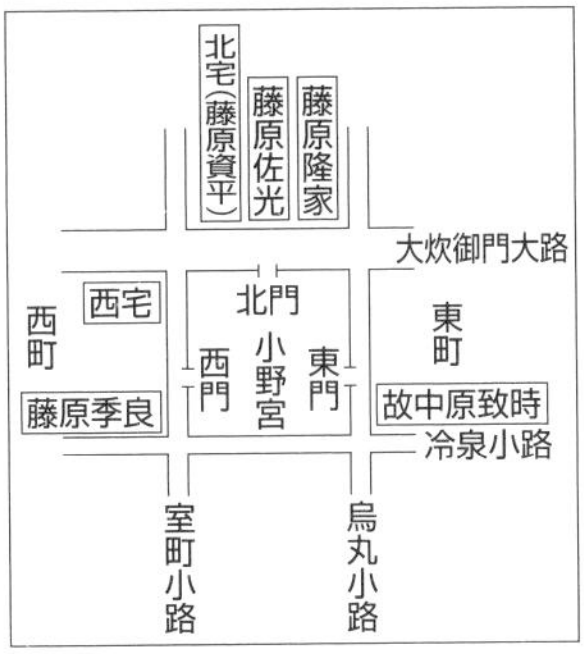

古代から中世にかけての移行期を住宅史の側からみると、寝殿造《しんでんづくり》と町屋の形成が少し時間差をともないながらも同時進行した時期であるということができる。しかし従来の住宅史や民家史研究は、史料的制約もあって住宅平面の復元や儀式などの機能と平面との関係を分析することに主眼がおかれ、平面の発展段階を個別に検証するなかで、ややもすればそれらが成立する共通の場としての都市への視点を欠落させてきた。その結果として両者をたがいにクロスさせる論点や都市住宅全体の問題としてとらえる方法は十分に育ってこなかったのである。

　こうした状況のなかでつぎの二つの研究は注目に値する。その一つは藤原《ふじわらの》実資《さねすけ》の小野宮第《おののみやてい》▲を題材とした吉田早苗の住宅史研究である。吉田は実資の家族と生活を追究するなかで、住宅の建設過程と邸第《ていだい》の構成を明らかにし、さらに一町四方の小野宮第の周囲にあった東町・南町にまで広く目を配っている。吉田によると、これら周辺の町には実資の小人《しょうにん》宅があり、「西宅《にしたく》」と「北宅《ほくたく》」には実資の近親者が居住していた（図10）。すなわち寝殿造は築地塀《ついじべい》▲に囲まれた閉鎖的な領域だけで完結していたわけではなかったのである。

▼**藤原実資の小野宮第**　平安中期の公卿《くぎょう》。藤原実頼《さねより》の養子となり小野宮嫡流として活躍。蔵人頭《くろうどのとう》、参議《さんぎ》、右近衛大将《うこのえのたいしょう》をへて右《う》大臣までのぼりつめる。『小右記《しょうゆうき》』の著者。小野宮第は烏丸《からすま》小路西、冷泉《れいぜい》小路北の一町を占める。もと惟喬親王《これたかしんのう》の邸宅だったが、のち実頼が本邸とし実資が継いだ。

▼**築地塀**　敷地の外周部をめぐる塀で、土を突き固めて築いた土塀の上部に小屋根をかける。

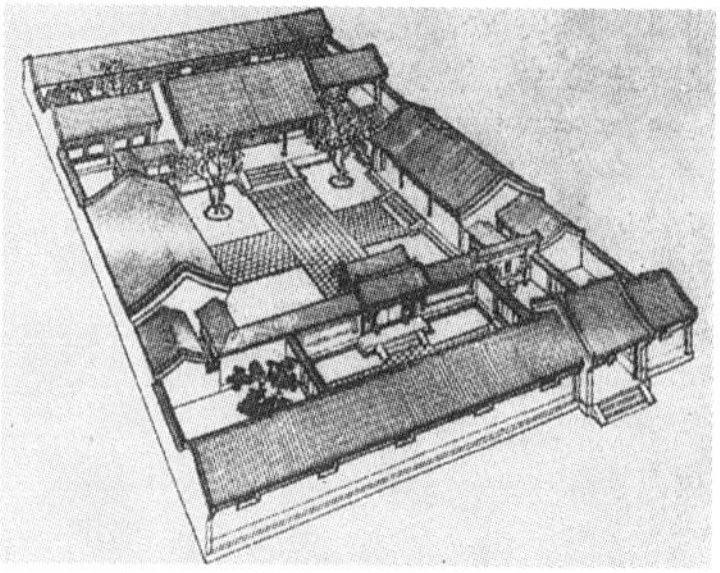

●── 図11　四合院の構成

▼**坊垣**　坊城《ぼうじょう》・坊牆《ぼうしょう》ともいう。都城の各坊の四周および内部を区切る壁。中国都城では坊垣が広汎に用いられたが、わが国では敷地のまわりに築地塀や板塀をめぐらせる程度で定着しなかった。

▼**『池亭記』**　慶滋保胤《よししげのやすたね》著。九八二(天元《てんげん》五)年成立。前半は右京の衰退と左京の人家の密集、鴨川周辺の状況など当時の京都のようすを詳細に描き、平安京の変容を具体的に示す。

いま一つはさきにあげた野口徹の町屋の形成過程をめぐる研究である。野口は町屋形成の背後にあった集住形式の考察をとおして、町屋という形式がけっして特殊なものでなく、集住の目的をもった供給型住宅一般の形式であったことを、官衙《かんが》町における下級官人《かんじん》層の住宅や寺院における僧房《そうぼう》などの集住形式と比較しながら述べ、街区の周囲に供給型住宅として垣《かき》のかわりにあてられた長《なが》屋《や》型の付属屋を町屋の源流として想定している。この研究は、商業史の立場からの店舗商業の展開という文脈でとらえられてきた従来の町屋像に一定の修正をうながすと同時に、建築史における「農家型住宅から派生した町屋」という通説にも一石を投ずるものであった。

両者は寝殿造と町屋という異なる対象を取り上げたものであり、それぞれ別個に構想されたものであるが、いずれも都市的文脈のなかで住宅の存在形態を考えるという点で共通するものがあり、ハードとしての「住宅」を念頭におきつつも、それを含む広義の「居住」空間が着目されていることに意義がある。

ところで中国の都城《とじょう》と日本の宮都を比較した場合、街区の空間構成が大きく異なることが指摘できる。すなわち、中国の都城は街区を坊垣《ぼうがき》▲という壁で囲《い》

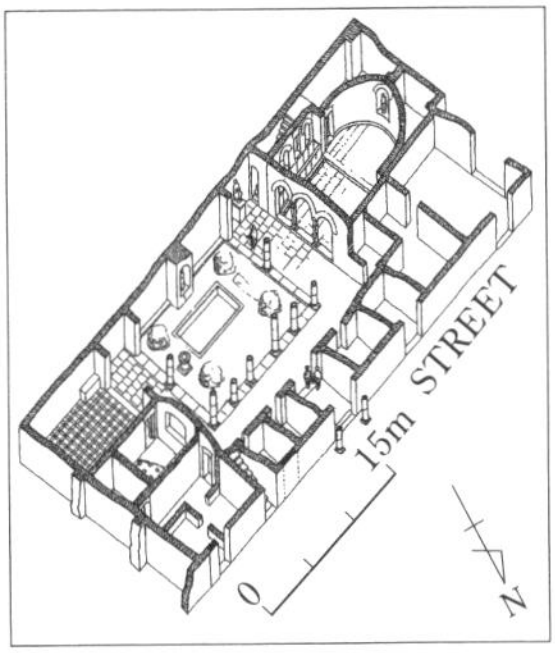

●—図12 ドムス型住宅

●—図13 フィレンツェの中世街区

繞《にょう》していたのに対し、宮都ではそれが徹底せず、京内の宅地は築地塀や板塀《いたべい》で個別に囲いをもっていた。さらに寝殿造の形式が完成すると、邸内にはもう一つの境界装置である中門廊《ちゅうもんろう》を備えることになる。すなわち寝殿造は中国の四合《しごう》院《いん》(図11)とは異なり、二重の境界をもつ住宅として都市内に立地した。しかし十世紀半ばごろから『池亭記《ちていき》』▲が描くように、荒廃にまかせた貴族住宅も多くなり、築地塀を破って庶民の小屋が立ちならぶような光景もみられた。町屋の形成がこうした二重の境界に囲まれた「やわらかな」街区表層部分において進行したことはわが国の都市の本質を理解するうえで重要である。イタリアでドムス型住宅(図12)が中世化するとき、「タベルナ(店舗)」化が進んだことが知られているが、街区の表層は建築の壁面であり、「堅い」表層は依然として保たれていた(図13)。

寝殿造の二重の境界に挟まれるゾーンは、住宅内部と都市とを媒介する中間領域ととらえることができる。さらに住宅の周辺町には吉田が指摘するように家政機構が住宅の枠を越えて展開していた。一方、中世京都において街区の表層では町屋の形成が進行しつつあった。これらは京都が中世都市化していくプ

▼「洛中洛外図屏風」　京都市中および郊外の景観を俯瞰《ふかん》的に描写した都市図屏風。十六世紀ごろから製作され、江戸中期まで多数の洛中洛外図が誕生した。十六世紀の作品は国立歴史民俗博物館蔵の旧町田家本や旧上杉《うえすぎ》家本などわずか四点。当該期の京都の建築・風俗を知るための一級資料。

ロセスのなかでなんらかの関係を有した動きであったはずである。

　中世後期の京都の町景観を描いたものとしてあまりにも有名な「洛中洛外図《らくちゅうらくがいず》屏風《びょうぶ》」▲歴博甲本《れきはくこうほん》（旧町田家本《まちだけぼん》、以下同じ）は、いまなお中世の町屋を考察するための基本資料であり、この画像がわたしたちの中世京都のイメージにあたえている影響は決定的であるといってよい。図14（二二ページ）は建築中の町屋である。この正面部分に注目すると、柱間《はしらま》三間《けん》のうちの中央間が門口《かどぐち》になっており、二本の柱の上には横架材が一本渡されている。これは従来、楣材《まぐさ》として説明されてきたものであり、構造的には上部の壁を支えるためのものである。近世民家の吉村家住宅（図15。大阪府羽曳野《はびきの》市）や角屋（京都府京都市）の門口（図16）にも同形式のものがみられるので、現実に存在した構造であったことはまちがいない。門口の下端には柱と柱のあいだに敷居《しきい》がはいる。また両脇間には太い格子《こうし》（台《だい》格子）があり、これらが全体として町屋正面の壁面のフレームになっている。「洛中洛外図屏風」に描かれた町屋の正面の構成は、多少の違いはあるもののこれとほぼ同形式とみなすことができる。

　つぎに図17に目を移そう。これは同じ「洛中洛外図屏風」の上京の公家《くげ》屋敷地

図15　吉村家住宅

図16　角屋

区を描いた部分で、屋敷の四周にめぐる築地塀といくつかの門があり、このうち二本の門柱の上に横材を冠した門は冠木門《かぶきもん》と呼ばれ、屋敷の勝手口《かってぐち》など略式であることが許される出入口に用いられるもっとも簡易な門形式の一つである。このうち二つの冠木門には敷居があり、門扉の存在を示している。

町屋の門口における二本の柱と楣・敷居という組合せと、冠木門を構成する各要素は実によく類似している。町屋の門口の上部の楣は、壁面から手前に浮き出て描かれているものが多く、これがはたして上部の壁を支えていたものかどうか疑問が残る。むしろかなり強調して描かれていることからみて、絵師はこれを冠木門と同じもの、あるいは類似のものとして認識していたのではないか。こうした町屋の門口の形式は、裏口にも散見され、通りにわが両者をつないでいた。

平安末期に成立した『年中行事《ねんじゅうぎょうじ》絵巻《えまき》』と『信貴山縁起《しぎさんえんぎ》絵巻』にも町屋と覚しき建築が描かれている。『年中行事絵巻』に登場する町屋の正面は、つぎのような特徴をもつ(図18)。

(1)正面は柱間三~四間で、中央やや端寄りに門口がある(下端に敷居、柱上部

●── 図14　建築中の町屋(「洛中洛外図屏風」歴博甲本)

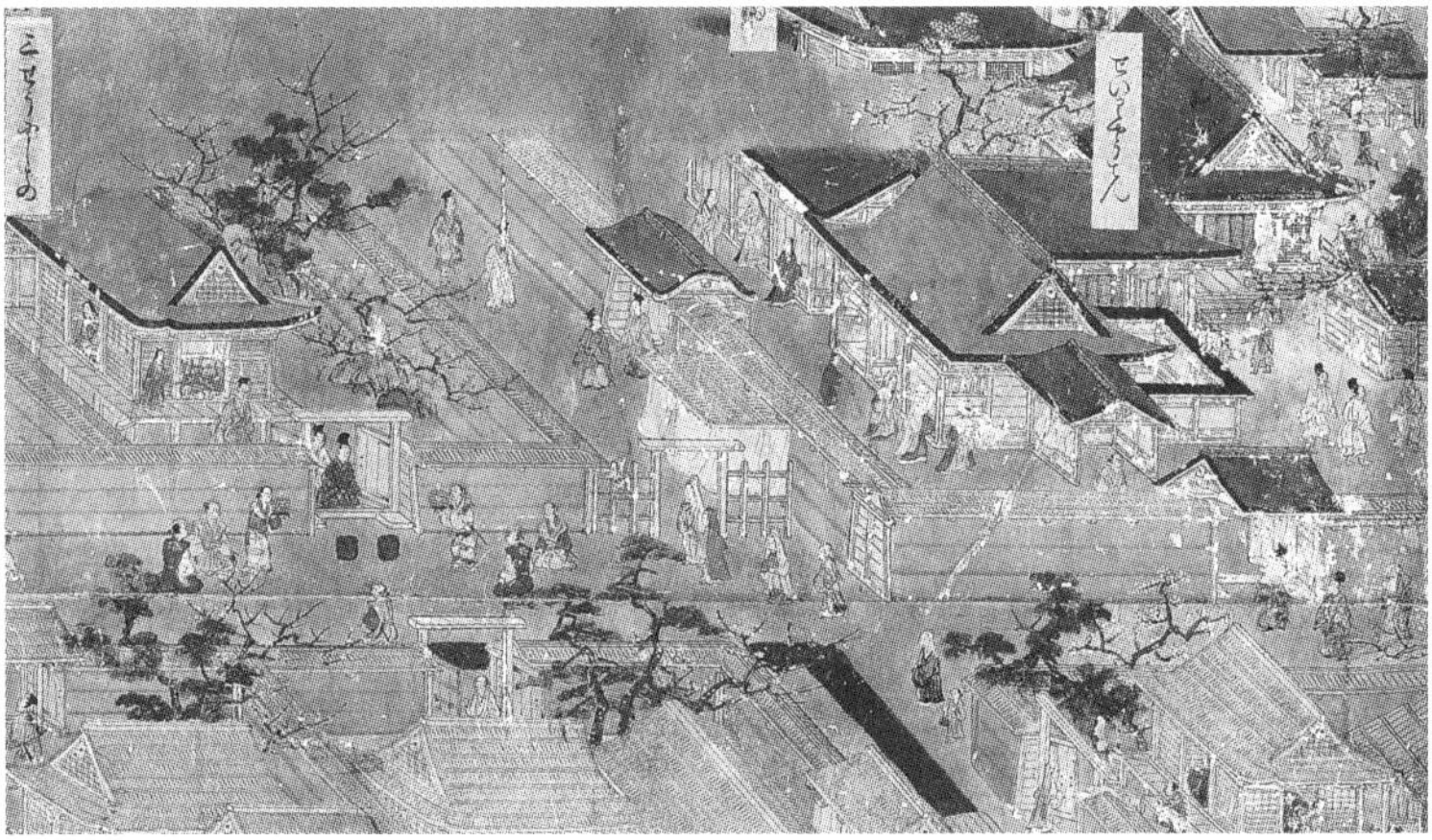

●── 図17　公家屋敷の門(同上)

●── 図18　古代の町屋(『年中行事絵巻』)

の横材は確認できないものが多いが、冠木門形式をもつものが確実に存在する)。

(2)両脇間の腰部分は網代壁《あじろかべ》、開口部に蔀戸《しとみど》▲(居室部)・格子(土間《どま》部)が建て込まれ、外から長押《なげし》▲を打つ。

ここで注目されるのは、壁材としての網代である。網代とは竹皮・葭《よし》・枌板《へぎいた》などの薄片を斜めまたは縦横に編んだもので、屋敷裏の垣ないし塀の材料にしばしば使われる。かりに古代の町屋の正面の腰長押より上を取り払えば、網代塀+冠木門というごく普通の屋敷の境界装置に還元されるのである(図19)。

このように平安末期から中世にかけての絵画資料に描かれた町屋の表層を観察すれば、野口が指摘した長屋型の供給住宅というよりは、むしろ門や塀などの境界装置に強い相関をもつ建築ととらえたほうがよさそうである。

「洛中洛外図屏風」に描かれた町屋は、すべて街路に接道し、街区を取り囲む。しかし、上京の公家・武家屋敷が数多く分布する地区では、町屋はこれらの屋敷のあいだに割り込む形で描かれている(図20)。町屋の外壁面と隣接する屋敷の土塀《どべい》のラインに注意すると、まるで見えない境界線があるかのごとく壁面線がそろっていることに気づく。これは単なる偶然ではなく、その他の類似の場

▼**蔀戸**　古代からある建築外周部の建具。板に格子をくんだ戸が水平軸によって外側、内側にはねあげるようにして開く。開放時は金具でとめる。

▼**長押**　柱の外側から打ちつける水平材。当初は構造材であったが、しだいに装飾的な要素となる。鎌倉時代以降、柱を貫通する材である貫《ぬき》が登場することによって、長押は和様《わよう》の特徴を示すようになる。

●── 図19　冠木門と網代塀(『春日《かすが》権現《ごんげん》験記《げんき》絵《え》』)

●── 図20　街区表層の町屋(「洛中洛外図屛風」歴博甲本)

●── 図21　金蓮寺境内(『一遍聖絵』)

面も同様の描き方をしているのである。

鎌倉時代の『一遍聖絵《いっぺんひじりえ》』▲の四条金蓮寺《しじょうこんれんじ》▲付近の情景を描いた場面にも、境内と道の境界を示す築地塀の一部に町屋が挿入しているところがある(図21)。金蓮寺は錦《にしき》小路・四条小路・京極大路・鴨川河原《かもがわがわら》を四至《しいし》とする一町が境内であり、京極大路と錦小路には巷所があった。すなわち、永正《えいしょう》十四(一五一七)年十月十日付の金蓮寺宛の寄進状には、「寺辺の内巷所の事、西は東西へ壱丈、北は錦小路、北頬迄也」とあり、『一遍聖絵』がかりに実景に近いものを描いているとすると、左端の道が京極大路を描いていることになり、左手の町屋群は一丈《じょう》(約三メートル)幅の巷所の上に立つものと解することができる。「洛中洛外図屛風」や『一遍聖絵』に描かれた町屋はかなり誇張した表現となっているが、実際のスケールになおすと街区のほんの一皮、道と敷地のあいだの一〜二丈程度のわずかな厚みで十分に成立しうるものである。町屋の外壁と隣接する築地塀の線がそろうのは、あるいはこうした土地の所有境を反映しているのかもしれない。町屋には街区を囲繞する建築という側面があり、その点からみても屋敷の外周を限る門や塀などの境界装置ときわめて近い関係にあった。絵画資料で両

▼**『一遍聖絵』** 鎌倉新仏教の一つ、時宗《じしゅう》の開祖一遍の伝記絵巻。一二五一(建長《けんちょう》三)年一三歳時の修行への旅立ちから始まり、八九(正応《しょうおう》二)年入滅《にゅうめつ》までの一遍の宗教活動を描く。詞書《ことばがき》によって聖戒《しょうかい》編『一遍聖絵』と宗俊《そうしゅん》編『一遍上人絵伝』に分かれる。鎌倉期の地方都市や建築をいきいきと伝える貴重な絵画資料。

▼**金蓮寺** 京都四条京極に建立された時宗の寺。四条道場《どうじょう》とも呼ばれる。四条派本山《ほんざん》として公武の支持を集め、遊行《ゆぎょう》派と勢力を二分した。

●――図22　桟敷屋(『年中行事絵巻』)

者がたがいに混在し、あたかも代替可能なものとして描かれているようにみえるのは興味深い。

　都市がその都市性をもっとも雄弁に表現するのは、祭礼や行幸《ぎょうこう》などの祝祭のときである。都市が本来的に有する劇場性は、このとき一気に顕在化する。都市における祝祭は、道をその主要な舞台として繰り広げられたのであって、小寺武久が指摘するように平安京における行幸路次の変遷は、平安京の中世都市化の一端を示すものであった。はなやかな京都の市街と祇園会や年中行事を描いた「洛中洛外図屏風」もまた、祝祭都市・京都を主要なモチーフとした、理想化された都市のイコン＝図像であったとみることができよう。そして都市の祝祭に参加し見物する場として道沿いに設けられたのが「桟敷《さじき》」であった。

　林屋辰三郎によると、京都における桟敷は摂関期《せっかんき》ころから文献に登場し、院政期にもっとも盛行し京中の所々に競ってつくられたという。また桟敷には築垣に差し掛けてつくる仮設的な桟敷と、築地塀を一部くずしてそこに桟敷屋を挿入する、ほぼ常設に近いタイプがあったことも指摘されている(図22)。

　ところで前掲の図18にふたたび注目したい。これは『年中行事絵巻』の稲荷《いなり》祭《まつり》▲と考えられている場面にでてくる町屋であり、野口の長屋型供給住宅＝町屋源流論は、この図に大きな根拠をおいている。これは形式的には土間と居室からなる単位が壁を共有して連なり、一棟を形づくっているという点でたしかに野口のいうような長屋形式の建築であったとみることができるが、屋根をみると各々の単位ごとに葺かれており、長屋形式とはいえ個々の住戸に一定の独立性が存在していたことは明らかである。

さて、この建築を町屋とみた場合、つぎのような疑問が生じる。すなわち、庶民住宅としての町屋と町屋内部に描かれている人びととのギャップをどのように考えるかという問題である。ここには下級役人層と思われる烏帽子《えぼし》をかぶった男・女房衆《にょうぼうしゅう》・僧などが描かれ、彼らが町屋の住民であったとは考えにくい。『年中行事絵巻』には、桟敷を描いた部分がいくつかあるが、桟敷から見物している人びとは図18と同じ構成を示しており、彼らは都市に住まう一般の庶民ではない。一方、印地《いんじ》打ち▲の場面では庶民住宅が描かれており、そこには実際の住民である庶民層の姿が確認できる（図23）。とすると、この図はとりあえず以下のように解釈することができるだろう。

▼**稲荷祭**　二月初午《はつうま》に行われた稲荷社の祭。京都では平安期以降伏見《ふしみ》稲荷が東寺の鎮守《ちんじゅ》として貴賤の信仰を集めた。祭神は宇賀魂《うかのみたまの》命《みこと》で、本来は田の神であったが、やがて商売繁盛の神として都市民の広汎な支持を受けた。

▼**印地打ち**　平安時代ごろから始まった河原などで大勢が石を投げあい勝敗を競う遊び。

●―図23　庶民住宅(『年中行事絵巻』)

(1)ここに描かれた建築は町屋であるが、稲荷祭に際して桟敷として利用されている。

(2)桟敷として利用するために、町屋の住民は一時家のなかを開放している。

こうしたことが可能であるためには、一つには桟敷と町屋は建築的にある種の互換性を有していること、二つには町屋住民をして住宅を開放させうるような領主―町屋住民関係、あるいは領主による一定の町屋支配が想定されねばならない。後者の問題は、京における在家支配の問題や、翁《おきな》が見物の場所を確保するために一条大路辺に札を立てたというエピソード(『今昔物語集《こんじゃくものがたりしゅう》』▲巻三一―六)にみられるような場の占有権の問題なども関係し、平安京の中世都市化の一端を探るうえで重要な問題であるが、ここでは前者の桟敷と町屋の関係について今しばらく考察を続けよう。

町屋が桟敷として利用されうることは、『年中行事絵巻』のほか、やや時代がくだるがつぎの史料からも明らかである。

あすは供養とて、此ほどつくりたる道なれば、……ちか(近)比《ごろ》ひま(暇)なくつくりつゞけたる在家ども(共)をばみな桟敷にこしらへたれば、民の戸も今さら猶にぎはひ《（賑）》たるこゝち《（心地）》し侍り。（『相国寺塔供養記《しょうこくじとうくようき》』▲一三九九〈応永《おうえい》六〉年九月十四日、『大日本史料』七―四）

一方、しばしば引用される「件《くだん》の女の家二条猪熊辺也ける、築地に桟敷を造りかけて、桟敷のまへ《（前）》に堀ほりて、そのはた《（端）》にいばら《（茨）》などをうへ《（植）》たりけり、……桟敷のしとみ《（蔀）》をあけて、すだれ《（簾）》をもちあげける」（『古今著聞集《ここんちょもんじゅう》』▲巻九）は、逆に桟敷が住宅化した事例を示している。

町屋と桟敷は建築的にもきわめて近い関係にあり、両者に一定の互換性があったことは事実であろう。しかし、このことがただちに、町屋の源流としての桟敷、ということにはならない。町屋と桟敷屋は別の名称が付せられていることから明らかなように、あくまで別の建築と考えるのが自然である。むしろ重要なのは、都市における道との関わりという点において両者には共通項があり、この共通項はさきに述べたように門・塀などと同様、本来境界装置的性格の濃厚な町屋が都市へ開かれて、都市建築化していくために不可欠な要素であったということである。都市空間へ積極的に関与する建築は、必然的に桟敷性をもつ。町屋が境界的な場に立地することを余儀なくされた「負」の側面は、それ自

▼**『今昔物語集』**　十二世紀前半に成立した説話集。編者は未詳。全三一巻一〇〇〇余話からなり、天竺《てんじく》（インド）・震旦《しんたん》（中国）・本朝《ほんちょう》（日本）の仏教説話と世俗説話がおさめられている。

▼**『相国寺塔供養記』**　京都相国寺の七重塔落慶《らっけい》供養の記録。七重塔は一三九九（応永六）年、足利義満《あしかがよしみつ》が父義詮《よしあきら》の三十三年忌追善のために建立。著者は室町前期の関白《かんぱく》一条経嗣《つねつぐ》。

▼**『古今著聞集』**　一二五四（建長《けんちょう》六）年、橘成季《たちばなのしげすえ》によって編まれた説話集。神祇《じんぎ》・釈教《しゃっきょう》・政道《せいどう》・忠臣《ちゅうしん》・公事《くじ》・文学ほか三〇編目に六九七話をおさめる。

体が都市へ開くというあらたな属性を獲得することによってはじめて「正」の領域へ転化しうる。そして都市の街路空間は時としてさまざまな祭礼や儀式が展開する、「民の戸も今さら猶にぎはひたるこゝち」を誘発するような、はなやかな祝祭の場であった。

町屋の正面に内蔵された閉鎖性と開放性、線形集合としての町における道の境界性と中軸性は、町屋が都市建築化していくプロセスのなかで獲得された不可分の二面性であったと考えられるのである。

市町における常設店舗の形成を町屋の成立とみる従来の商業史的な理解からすれば、商品を陳列し売買する「棚《たな》」ないし「見世《みせ》棚」は町屋にとって不可欠な要素になる。しかし、『年中行事絵巻』に描かれた町屋のうち魚棚を除いては、棚を備えるものはみあたらず、また地方における街村の成立を鎌倉期に求める立場からもこうした理解に全面的な見直しが迫られている。

『庭訓往来《ていきんおうらい》』▲に「市町は辻小路を通し見世棚を構えせしめ、絹布の類・贄《にえ》▲・菓子、売買の便あるように相計らふべきなり」とあるように、商いと関連する棚はまずもって市と密接な関係をもっていたことが考えられる。

▼**『庭訓往来』**　南北朝《なんぼくちょう》期から室町時代に成立した往来物《おうらいもの》（往復の手紙形式）で、衣食住・職業・政治などの一般常識と文字を学ぶための初等教本としてその後も広く利用された。

▼**贄**　神仏や朝廷へささげる供《く》物《もつ》のこと。初物や諸国の特産物がしばしば贄として進上された。

▼**生魚供御人**　禁裏《きんり》に供御（食物）を貢納した中世職能民。京都

京都六角《ろっかく》町は鎌倉期以来、生魚供御人《せいぎょくごにん》▲を中心とする卸売市場と町人の居住地という二重の構造をもっていた。この二重性は十六世紀半ばにはいっても確認できる。すなわち生魚供御人を支配する内蔵頭山科家《くらのかみやましなけ》▲と近江粟津商人《おうみあわず》▲との相論《そうろん》に関してつぎのようにある。

一、あはつ（粟津）の者京都にて種々の物しやうはい（商売）の事、往古なき事候、あま（つ）さへ京中にたな（棚）をはりしやうはいをし候事、いわれさる事候、……

一、公事のかれ（逃）んために、あはつ座子になりたるとかう（号）し、上下の京の土民等ことごとくたなをはり、ほしいま（恣）ゝに魚あるいはつほ（壺）以下しやうはいをし候事、いよいよいはれなき事候、たなにつきては知行まきれ（紛）なき事候、……

一、今度たなやく（棚役）申付ふれ候みきり（砌）まて、町人なみにたなをいたし候者共、かさねてさいそく（催促）候へきよし（由）申付、（『言継卿記《ときつぐきょうき》』▲一五四五〈天文《てんぶん》十四〉年二月二十六日）

ここに登場する棚は実体としての棚というよりは、むしろ抽象化された販売権を示しているとみたほうがよいが、「たなをは」るという表現から、居住地と

六角町には生魚をおさめる供御人が集住した。貢納の代償としてさまざまな商売上の特権をえて活躍した。

▼**内蔵頭山科家**　山科家は藤原氏北家《ほっけ》末茂《すえしげ》流の四条家庶流。南北朝期以降、代々内蔵頭を世襲し天皇の装束《しょうぞく》の調進を担当した。のち御厨子所《おずしどころ》別当《べっとう》も兼務するようになり、供御人の統括も行う。

▼**近江粟津商人**　琵琶湖《びわこ》でとれる生魚を京都へ運び売りさばいた近江粟津の商人。既得権をもつ供御人としばしば売り場をめぐって相論を起こした。

▼**『言継卿記』**　山科言継の日記。一五二七（大永《たいえい》七）年から七六（天正《てんしょう》四）年までの記事をおさめ、戦国期の根本史料。一五三二（天文《てんぶん》元）年の一向一揆《いっこういっき》、六五（永禄《えいろく》八）年の足利義輝《よしてる》暗殺事件、織田信長《おだのぶなが》の上洛《じょうらく》、安土城《あづちじょう》造営など、歴史的な重要事件を数多く載せる。

しての町と販売の場としての棚の二重性をうかがうことが可能である。おそらく町屋と棚の関係は、町と市との関係と同じで、原理的にはつねに分離可能なものであった。町屋の見世棚が近世にはいっても、あくまで建築本体に付属する取り外し可能な簡易な装置であり続けたことと、宿町などの地方街村の在家の前面で市が興行されたとしても、市屋と在家は結合することなく、市そのものは時代を越えて再生産されてきたことを想起するとき、町屋と棚はそれぞれ別の範疇でとらえたほうがよい。ただ、町屋と棚は道との関わりという観点からすると、きわめて近い関係にあることは事実で、棚は町屋を道へ開かせるために不可欠な媒介装置であった。桟敷性が町屋を都市建築化したと考えられるのと同様の意味で、棚は町屋の店舗としての側面を引き出し、これを桟敷とは別の形で都市建築化するための触媒として重要な役割を果たした。

近世の町屋、とりわけ京都における居室が通りにわにそって一列にならぶタイプを念頭におき、農家と比較するとき、つぎのような町屋固有の性格を指摘することができる。

(1)町屋は道路に面して「ミセ」と呼ばれる部屋をもつかわりに、農家に一般的に備わっている「ナンド」という専用の就寝空間を欠いている（農家にも「ナンド」を欠くタイプがあるが、特殊例とみてよい）。

(2)一列型の町屋は、間口三〜四間あれば十分成立する建築形式であって、農家と比較してその小規模性が顕著である。平安末の『年中行事絵巻』から中世末〜近世初頭の「洛中洛外図屏風」、さらには近世の町屋遺構を通観するとき、奥に向かっての増殖傾向は認められるものの、町屋本体は規模において大きな発展がない。

(1)は、はたして町屋の出自そのものが住宅であったのかという根本的な疑問をいだかせるものであって、実際『一遍聖絵』や中世末期の「洛中洛外図屏風」に描かれた町屋は、絵画資料という条件を留保しても一貫して生活臭が希薄である。

(2)の問題は、技術および経済的側面からは説明がつかない。伊藤鄭爾は中世に小規模な家屋が多かった理由を、技術的可能性や資本蓄積よりはむしろ当該期における庶民階層の家族制度のあり方に求めた。しかし、伊藤の指摘は、中世・近世に通有する町屋の小規模性を十分に説明していない。むしろ町屋とい

●─図24　栗山家住宅

う建築形式そのものに本質的に内在する条件が、小規模建築としての町屋を再生産させたと考えるべきであろう。

私見によると町屋の源流には二系統があって、一つは非住宅的施設を淵源としたもの、いま一つは小規模ながらも住生活を内包すべく当初から住宅として形成されたものである。

前者は再三指摘したような門・塀と強い相関をもつ町屋の形態や境界的な立地条件からみて、非住宅系の境界装置が都市的な文脈のなかで建築化されたものと考えられる。それには野口が想定した長屋型の供給住宅のような領主主導の場合もありうるし、境界領域における都市民の個別的な定着を地代《ちだい》収取などを通じて領主が安堵《あんど》した場合もあったと思われる。戸田芳実が『池亭記』などの記述を引きながら指摘した、平安後期京都における貴賤の混住・集住の状況や『今昔物語集』(巻十九)にみえる六宮邸《ろくみやてい》▲の「築地頽《くずれ》乍《ながら》ヲ有シニ皆小屋居ニケリ」という邸第の荒廃と雑人の占拠、仲村研が明らかにした八条女院御所《はちじょうにょいんごしょ》▲の荒廃と道路沿いの八条院町の形成などの事例は町屋形成の一側面をよく伝えている。

町屋を住宅としてみた場合の欠落感や小規模性は、おそらくこうした町屋の出

▼**六宮邸**　『今昔物語集』の「六宮姫君夫出家語」に登場する下級官人の住宅。芥川《あくたがわ》龍《りゅう》之介《のすけ》がこれに材をとり書いた短編小説に「六の宮の姫宮」がある。

▼**八条女院御所**　八条院暲子《しょうし》内親王《ないしんのう》の御所。鳥羽《とば》天皇と藤原得子《とくこ》(美福門院《びふくもんいん》)とのあいだに生まれ、鳥羽上皇《じょうこう》の寵愛《ちょうあい》を受けた。一一

六一（応保《おうほ》元）年、二条《にじょう》天皇の准《じゅん》母《ぼ》として院号《いんごう》がくだされ八条院と称した。御所があった八条院町は現在のＪＲ京都駅一帯に分布し、その後東寺領となり多くの商工業者や散所民《さんじょみん》が居住した。

▼棟札　建築の棟上《むねあげ》のとき、建造の年月日や施主・大工名などを記して棟木などに打ちつけられた板札。建築や地域に関するさまざまな情報を含む。

●──図25　今西家住宅

自と無関係ではないだろう。

　後者は、『年中行事絵巻』に登場する庶民の家（前掲図23）や『信貴山縁起絵巻』の地方の接道型住宅にみられるものであって、小規模ながらも独立家屋の体をなし、家の脇には垣根で囲われた内畠がある。この場合京都市中とは異なり、町屋は隣棟間隔をあけてならぶことになる。地方町場の在家や京都の周辺部の庶民住宅はおおむねこのような形態をもっていたと推定される。

中世の町屋

　現存する最古の町屋の遺構は慶長《けいちょう》十二（一六〇七）年の棟札《むなふだ》▲をもつ奈良県五《ご》條《じょう》市の栗山《くりやま》家住宅である（図24）。十七世紀の町屋はそのほか奈良県橿原《かしはら》市今《いま》井《い》町の今西《いまにし》家住宅（図25）・豊田《とよた》家住宅などが知られており、わずかではあるが近世初期のようすをうかがうことができる。農家では箱木《はこぎ》家住宅（兵庫県神戸市）や古井《ふるい》家住宅（兵庫県姫路市）のように中世にさかのぼるものが存在するが、町屋には残念ながらそうした中世の遺構がない。したがって、町屋の中世を考えるにはわずかな考古学的知見と絵巻物や都市図屏風などの絵画資料に頼らざ

●―図26　街区の描写（「洛中洛外図屛風」歴博甲本）

るをえない。

とりわけ十六世紀ごろの京都を描いた「洛中洛外図屛風」（歴博甲本）は、中世の町屋の基本資料として従来さまざまな形で取り上げられてきた。

しかし「洛中洛外図屛風」に描かれた町屋は明らかに実際の縮尺を反映していない（図26）。京都の当時の街区の大きさがおよそ六〇間《けん》四方であったとすると、間口がせいぜい二～三間程度しかない町屋が連続するとなると、街区の一辺には二〇軒以上の町屋が立ちならんでいたはずなのに、屛風には数軒程度の町屋しか描かれない。また町屋の奥行を考えてみると、当時の間取りは奥に向かって二室程度が標準的規模であったから、奥行も三～四間程度とみつもられる。

このように仮定して街区に町屋が立つ部分を表示してみると、図27のようにまるで薄皮饅頭の皮のような部分に町屋が立っていたという、きわめて奇異な情景が浮かび上がってくる。屛風には街区の中央部はおもに空地となっていて、そこには共同井戸や便所・作業場などが描かれているが、実際のスケールになおしてみると、その空地はあまりにも広大でとりとめがない。共同のオープンスペースとして利用するには大きすぎる規模なのである。

●図27 町屋の立つゾーン

秋山國三と仲村研によると、鎌倉期以降、京都の街区には今日と同様の間口が狭く奥行の深い町屋型の敷地が売券に数多く登場する。屏風が描かれた当時はすでに奥まで敷地が伸びていたと考えるのが自然であろう。

発掘事例でもそのことが裏づけられる。たとえば右京六条一坊五町の北、六町の南における発掘では、平安末期から鎌倉期にかけての小規模建物が数多く検出され、これらは五町と六町を限る楊梅《ようばい》小路にそって分布するが敷地の奥行は約三〇メートルある。ただし建物は直接楊梅小路に面さず、数メートル引いた位置にあり、敷地背後には区画となる柵列や溝が確認されている。また左京八条三坊六町の事例では、鎌倉末から室町《むろまち》初期にかけて室町小路沿いに間口三〜五メートル、奥行九〜一〇メートル程度の小規模建物が密集する事実が報告されている。

このような事例から想像すると、「洛中洛外図屏風」が描く情景よりはもう少し町屋の規模は奥行方向に伸びていた可能性は高く、また内畠などの空閑地を含みながらも敷地の奥行も実際にはさらに街区内部にまで達していたはずである。室町後期になると、京都市中は町屋が席巻《せっけん》するが、それまでは非接道型の小規模建物も存在していたことになる。「洛中洛外図屛風」の絵師は町屋の一軒一軒の店先の多様な商品や暖簾《のれん》、道にあふれる多くの都市民、主要な寺社や邸宅を描くことを優先し、街区内部の複雑な様相はよく知らなかったか、あるいは知っていたとしても比較的簡単にすませてしまったようである。街区内部は絵師が描いたように空閑地が広がっていたとしても、そこには耕地や小規模な建物が存在していたはずだし、場合によっては屋敷や寺社が中央を占めていた可能性もある。

その意味では逆に街区の表層部分である町屋正面の描写は比較的信頼がおけるといえるかもしれない。そこで注目されるのは、「洛中洛外図屛風」に二種類の町屋が描かれていることである。一つは小規模ながらも独立した家屋として描かれた町屋であり、もう一つは長屋型の町屋である。前者は卯建《うだつ》▲がその独立性を表現している。

野口徹は棟割《むねわり》長屋型の供給住宅が面路化し、やがて個々のユニットが独立する過程で短冊型地割《たんざくがたじわり》が形成されるという仮説を立てた。そして私は町屋の表層に刻印された門や塀の痕跡から、町屋の境界装置的な側面に着目したが、現実

▼**卯建**　町屋の屋根の妻《つま》側に設けられた一段高い小屋根。発生的には板葺屋根の端部を押さえるものであったが、壁に漆喰《しっくい》が塗られるようになると延焼防止の役割も果たすようになる。また卯建をあげることは、一軒の独立性を示す象徴的意味合いもあった。

にはもう少し複雑な経緯があったように思われる。

発掘事例や「洛中洛外図屛風」などから考えられる道筋はつぎのようである。寝殿造などの大規模な住宅を除くと、京都の町には数多くの小規模建物が立ち、それらのなかには小規模ながらも独立した建物と、長屋型の建物が併存していた。前者のなかには非接道型の住宅も存在したが、京都の都市化にともなってそれぞれが接道する町屋というタイプに収斂していったというストーリーである。後者の長屋型の事例はまだ発掘されていないが、実在していたことは確実であろう。そしてそれが都市京都における軒を接して櫛比《しっぴ》する町屋形式を生み出す母体であったことは疑いない。

伊藤鄭爾は「洛中洛外図屛風」に描かれた町屋から中世京都の町屋の特質を抽き出した。主要な結論を列挙するとつぎのようである。

(1)零細な土地所有と町屋の小規模性。
(2)長屋型町屋と中土間住宅▲の存在。
(3)二室構成が一般的で、このうちの一室は「おうへ」と呼ばれたらしい。
(4)正面は床面まで開放され、木連格子《きつれごうし》▲や揚《あ》げ店《みせ》▲(揚見世)が設けられる。

▼中土間住宅　町屋の土間は通常、居室の片側にある通りにわ形式か、居室の前面が土間になる前土間形式かになる。しかし「洛中洛外図屛風」によると、中世では建物の中央に土間がくる中土間形式の町屋があったようである。中土間を挟んで両側に別家族が居住していたものと思われる。

▼木連格子　裏に板を張り、正方形状に縦・横の格子をくむ。狐《きつね》格子ともいい、屋根の妻部分に使うことが多い。

▼揚げ店　町屋の玄関脇に設けられた縁台状の装置。商品の陳列や縁台として利用し、使わないときははねあげて壁面に収納できる。ばったり床机《しょうぎ》などともいう。

(5)畳敷きはかなり普及していた。
(6)室内の建具の状況は不明であるが、土間と居室の境には板戸がはいっていた。
(7)屋根は板葺《いたぶき》・石置屋根であった。
(8)ほとんどが平屋で、二階建てであっても階高の低い厨子《ずし》二階が一般的。
(9)建築構造は棟を直接支える棟持柱形式の素朴なものである（後年、伊藤は近畿地方で広範にみられるオダチ組▲との関係を示唆している）。
(10)卯建は防火というよりも当初板屋根の端部を押さえるために発生したものと思われるが、やがて一戸一戸の独立性を表象する装置として定着した。

このうち中世の町屋を考えるうえで重要なのは(2)である。長屋型町屋は平安末期の『年中行事絵巻』に描かれた町屋の系譜を引くものとみてよい。しかし中土間住宅については、古代にも近世にもない、中世固有の存在である。

「洛中洛外図屏風」に描かれた中土間住宅はけっして数は多くないが、いずれも長屋形式の町屋のなかに登場する（図28）。長屋形式の建築は居住者と建設者が別であるとみるのが自然だから、近世の借家人とは同一視できないが、なん

▼**オダチ組**　中世の民家に使われた屋根構造。棟木を真束《しんづか》で支え、太い垂木《たるき》を桁《けた》に渡すだけの素朴な形式。

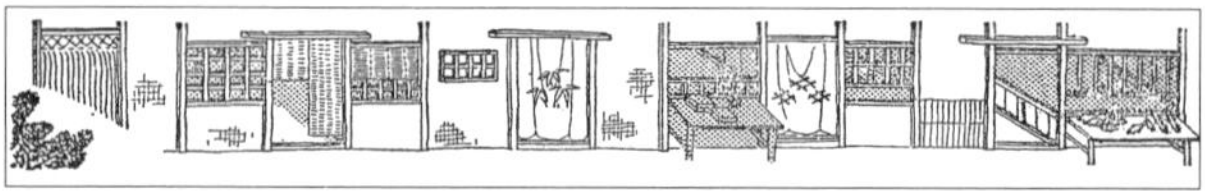

●── 図28　中土間住宅

▼門屋　切妻《きりづま》型長屋形式の建築で、中世名主屋敷内に建設された被官層のための供給住宅。

●── 図29　地方の町屋

らかの事情で狭小な住宅をあてがわれて借り住まいする被官《ひかん》層など、都市下層のための住宅であったことが想像できる。中土間住宅はそれをさらに細分化したもので、土間を共有して一つのユニットのなかに複数家族が住む、いわゆる「相家《あいや》」の一タイプである。土間を共有するのだから、家族のプライバシーは著しく低いといわざるをえないが、土間と居室境を板戸で閉じれば最低限の独立性は保たれたのであろう。こうした長屋住宅は中世名主《みょうしゅ》層の敷地内にたつ「門《かど》屋《や》▲」とよく類似し、身分的に従属する別家《べっけ》・手代《てだい》層や被官層のために建てられた供給型住宅の一類型とみなされる。

地方の町屋

京都以外の町屋に目を移そう。

まず地方の町屋を描いたものとして古くから知られているのが、『信貴山縁起絵巻』に登場する街道沿いの住宅である。主屋《しゅおく》は街道に接して立っており、正面の構成は京都の町屋とほぼ同じである(図29)。大きな違いは主屋脇には庭ないし菜園があり、敷地間口が比較的広くとられていることである。したがっ

●── 図30　街道沿いの町屋（『一遍聖絵』）

▼中分状　中世荘園公領制《しょうえんこうりょうせい》下、荘園の重層・錯綜する支配権を整理するためにしばしば土地を分割（下地《したじ》中分）した。中分状はその内容を明記した文書。

▼番屋　木戸門の脇に設けられた番人の詰め所。不審者の出入りを見張り、木戸門の開閉を行った。

て、京都の町屋のように住宅が高密に隣接するということはない。同じような例は鎌倉期の『一遍聖絵』にも確認できる。『一遍聖絵』は地方の街村の景観を描いた数少ない絵巻であって、そこには遠江国《とおとうみのくに》蒲原宿《かんばらしゅく》（現静岡県静岡市）を鳥瞰《ちょうかん》した雄大な画像がある（図30）。保立道久はこの場面を取り上げて、蒲原宿の在家《ざいけ》が疎塊《そかい》状にならぶ街村形態は鎌倉時代の地方町場に共通する景観であったと述べ、地方町場の成立時期を鎌倉期にまで遡及させた。

ここで注目したいのは保立が提示した一二九六（永仁《えいにん》四）年四月四日の領家《りょうけ》・地頭《じとう》間の中分状《ちゅうぶんじょう》▲（『鎌倉遺文』一九〇四二）にもとづく越後《えちご》国小泉《こいずみ》荘九日市《ここのかいち》（現新潟県村上《むらかみ》市）の復元模式図である（図31）。これによると、九日市は「町中通」にそって道の両側に在家や寺社が疎塊状にならび、蒲原宿と同様の街村形態を示しているが、この中軸街路ともいうべき「町中通」が「東西中界」ともなっているのである。つまり道を中心にみればたしかに街村ということができるが、一方、領域という観点からみれば道が境界となって、対面する両側はそれぞれ別の所領に属しているということを示している。道が領域の四至になる事例は枚挙にいとまがなく、こうした境界線に非農業的な交換の場としての町が成立するこ

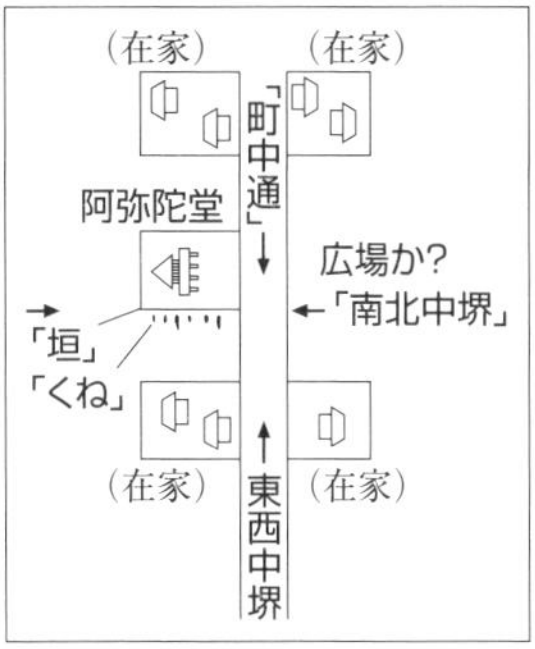

●—図31　越後国小泉荘九日市復元模式図

●—図32　鎌倉小袋坂の情景(『一遍聖絵』)

とはきわめて自然なこととして理解できる。この場合、道は在家を線形に組織する中軸としての機能と、領域の境界を指示する機能をあわせもつ両義的な存在であったとみることができる。そして、このような線形集合を中世では「町」ないし「町屋」と呼んだ。

一三三一(元徳《げんとく》三)年七月十二日の「武蔵《むさし》国男衾《おぶすま》郡小泉郷(内田在家)注文事《ちゅうもんのこと》」には、「大道」の東と西でそれぞれ一一宇と一五宇の在家が書き上げられ、そのうち一一宇に「町屋」という注記がある(『鎌倉遺文』三一四六七)。また一二七五(建治《けんじ》元)年、越中《えっちゅう》国堀江荘《ほりえのしょう》(現富山県滑川《なめりかわ》市)南方では「町口壱町四反大」の中軸街路が三三の口にわられ、一口ずつ二〇〇文の「町口銭」が領主から収取されている(『鎌倉遺文』一二一九〇)。ここに立つ在家がどのような形式のものであったかは不明とせざるをえないが、街路と密接な関係をもつ、おそらく接道型の住宅であったとしてまちがいあるまい。

『一遍聖絵』にはさらに、鎌倉の小袋坂《こぶくろざか》の情景を描いた有名な一齣がある(図32)。ここには道にそって、実にさまざまな建築類型がならぶ。画面左手の木戸門脇には番屋《ばんや》▲と思われる小規模な施設があり、それに続いて町屋が三軒ある。

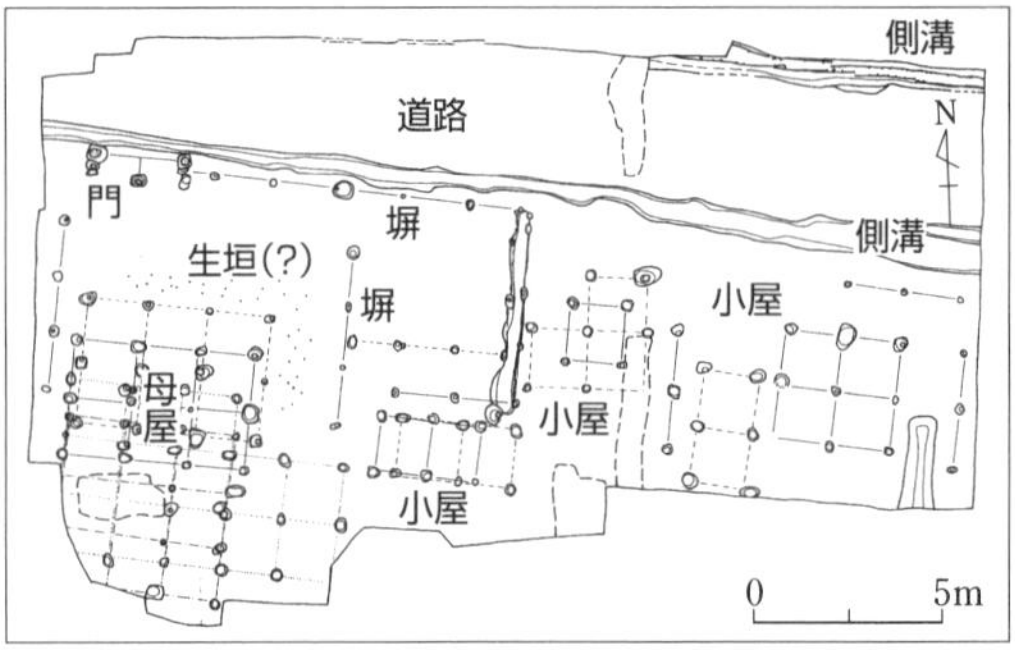

●──図33　稲荷小路西遺跡遺構配置図

さらに塀をめぐらし、門を構えた武士の住宅と思われる建築もいくつか描かれている。このように異なる類型が混在する状況は実際にあったらしく、鎌倉の稲荷小路西《いなりこうじにし》遺跡ではこの画像を髣髴《ほうふつ》させる遺構が検出されている(図33)。『吾《あ》妻鏡《ずまかがみ》』には小町屋が立つ場所として、大町・小町・米町《こめ》・化粧坂《けわいざか》山上などが指定されたことが記されているが、こうした措置がほどこされること自体、実情は大小さまざまな武士の住宅や小屋・町屋などが鎌倉市中には混在して立っていたことを示している。

一方、鎌倉にも京都でみられたような被官層の住まいとおぼしき遺構が発掘されている。今小路西《いまこうじにし》遺跡では、大規模な武家屋敷の門前に小規模な住宅が密集して分布しており、門屋的な存在と考えられている(図34)。

このように中世の京都や鎌倉などの都市部では、均質な町屋がならぶというよりは、さまざまなタイプの建築が共存していた可能性が高く、「洛中洛外図屏風」によって形づくられたイメージには一定の修正が必要である。いわゆる整然とした「町並み」が形成されるのは、近世をまたねばならない。

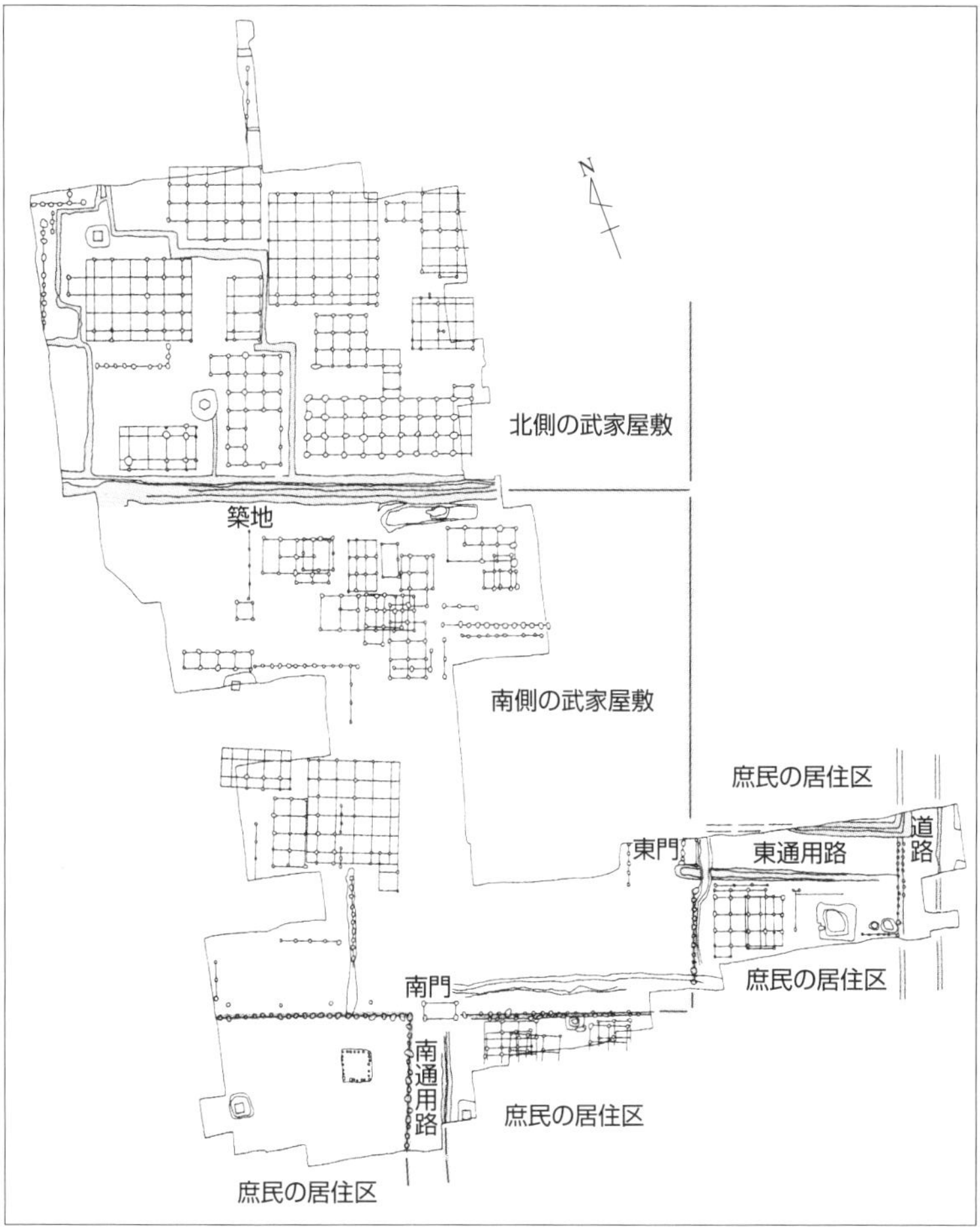

●— 図34　今小路西遺跡遺構配置図

③京都と町屋——中世から近世へ

京都の近世化

中世末の京都は、京都という広い「海」に、上京《かみぎょう》・下京《しもぎょう》、あるいは個別の領主《りょうしゅ》を核としたまとまりが「島」のごとく散在して浮かぶような状況であったということができよう。こうした島を解体し、京都全体をあらたな統合原理のもとに均質な「平地」にならしたのは、織田信長《おだのぶなが》・豊臣秀吉《とよとみひでよし》の近世統一権力であった。信長の京都改造については彼の死によって中断されたので省略し、ここでは信長の遺志を引き継ぎ京都を完全な近世都市に改造することに成功した秀吉の都市計画を中心にみることにしよう。秀吉の京都改造はおよそつぎのようなものであった(図35)。

(1)「聚楽第《じゅらくだい》」の建設—秀吉は関白《かんぱく》の居城として聚楽第を一五八六(天正《てんしょう》十四)年、内野《うちの》大内裏《だいだいり》跡に建設する。これは秀吉の京都支配の拠点として、象徴的なモニュメントを造営することをめざしたもので、すでに着手していた大坂城に匹敵する壮麗な城郭《じょうかく》が完成した(図36)。

図35　秀吉の京都改造

図36　聚楽第（「聚楽第図屏風」）

図37　市中町割模式図

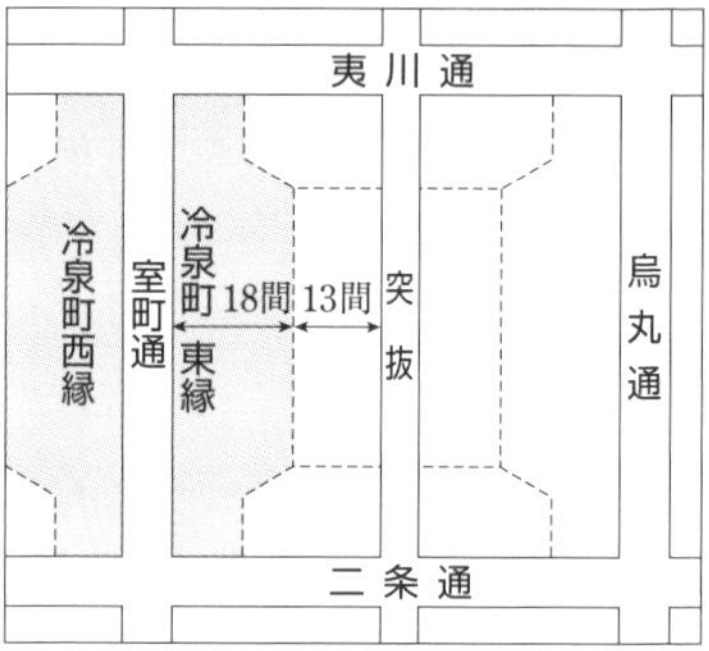

(2)「洛中検地《らくちゅうけんち》」と「地子免除《じしめんじょ》」の実施—秀吉は京都全体の土地を掌握するために、一五八七(天正十五)年と八九(同十七)年の二度にわたって洛中検地を行っている。これは中世以来錯綜・重層化していた土地所有関係を清算し、あらたに土地と所有者を一対一に対応づけることを意図したもので、さらに洛中の土地は秀吉の支配下にあることを改めて明示するものであった。この検地の結果、一五九一(天正十九)年秀吉は洛中の地子(土地税)を免除する。これはそれまで個々の領主が独自に収取していた地子を否定するもので、ここに中世以来の領主を核とした個別分散的なまとまりは解体されることになった。この二つの政策は以下の都市計画を側面から補完するもので、京都の近世都市化を円滑に推し進めるためには不可欠の施策であった。

(3)市中町割《しちゅうまちわり》の施行—一五九〇(天正十八)年、秀吉は京都の市街に短冊《たんざく》状の町割をほどこした。京都の街区は条坊制《じょうぼうせい》の地割《じわり》を踏襲しておよそ方一町《ちょう》(六〇間《けん》)の正方形街区となっていたが、街区の裏は未利用地が多く「せと《(背戸)》畠」などの耕地や空地が残されていた。秀吉の町割はこうした街区の中央に南北の小路《こうじ》(突抜《つきぬけ》)をとおし、二つの短冊型街区に分割するものであった(図37)。上京・下京の既成市街地はこの計画から除外されたが、その他の街区は一様に効率的な短冊型街区に変更され、街区内部の農村的要素は町から分離されることになった。

(4)公家《くげ》町・武家《ぶけ》町・寺町《てら》の創出―中世の京都は公家・武家・寺社・都市民が複雑に混在する状況であったが、秀吉はこれらの移転を命じ明確な区分けを行った。この結果、禁裏《きんり》を中心とする地区には公家町、聚楽第周辺には武家屋敷地区、そして上京北の「寺ノ内」、下京南の本願寺《ほんがんじ》「寺内町《じない》」、京都東端の「京極寺町」の寺院街が形成された(図38〜40)。町人は町割によって再編成された市街地への屋敷替えが命じられた。(3)でみたように、街区の中央部は未利用地として残されているのが一般的であったが、寺社や武家屋敷がそのなかに存在する場合も少なくなかった。これらは短冊型の町割にとっても不都合な存在であったので移転され、跡地は町地として再開発されたと考えられる。京都の町名で、もとあった武家屋敷や寺社の名称▲を冠するものがあるが、これらは右の事情を反映している。

(5)「御土居《おどい》▲」の築造―一五九一年、秀吉は一連の京都改造計画の総仕上げとし

▼**寺社の名称**　京都の誓願寺《せいがんじ》町・善長寺《ぜんちょうじ》町・矢田《やだ》町(矢田寺)などの町名は寺町移転前の『立入《たてり》文書』所収の一五七一(元亀《げんき》二)年「御借米之記《おかりまいのき》」に確認できるもので、中世後期から近世初頭にかけて寺院と町が一体となって都市形成が行われたことを示している。

▼**御土居**　豊臣秀吉が京都改造の仕上げとして一五九一(天正十九)年に築いた京都市中を取りまく土塁《どるい》。高さ約五メートル、全長二三キロにおよぶ。

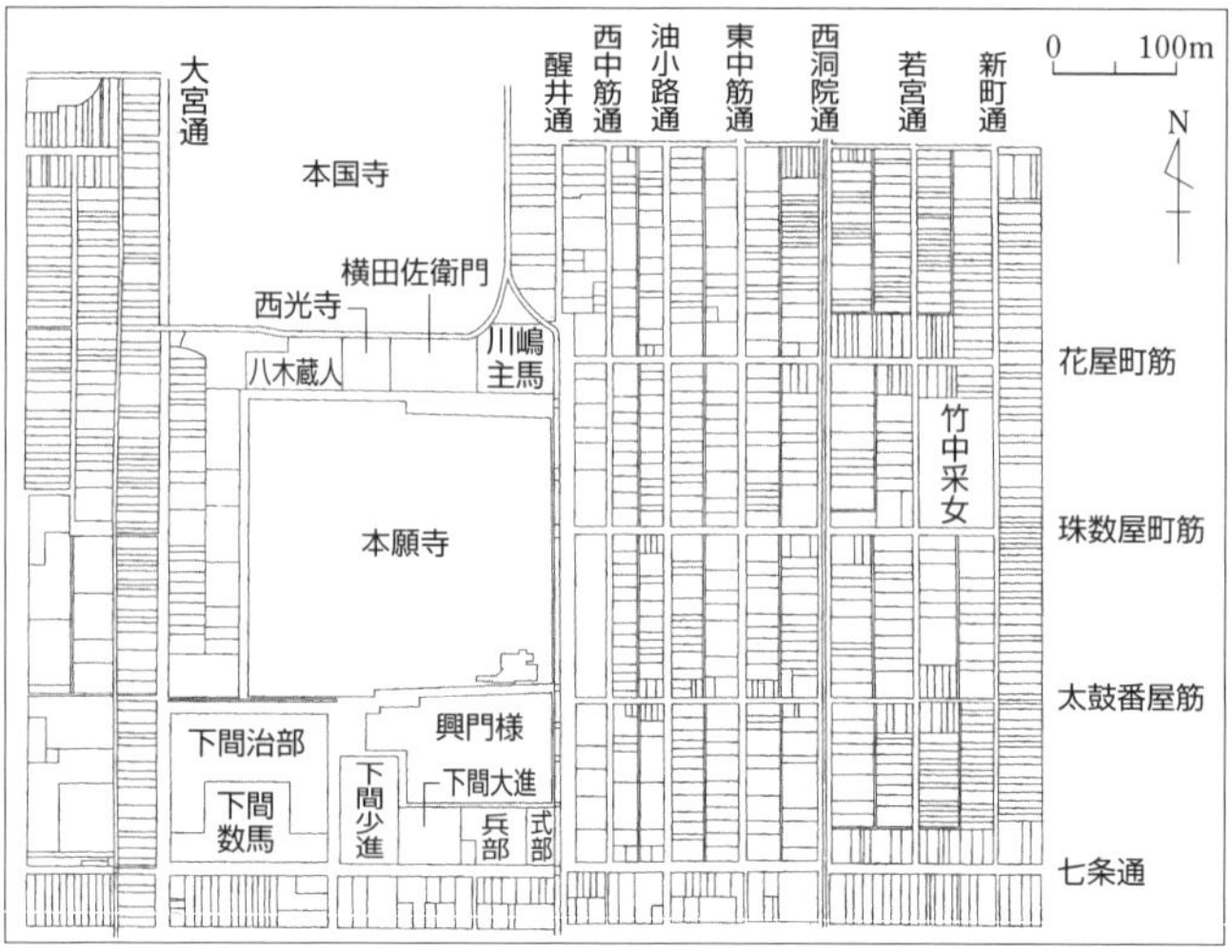
0 100m
N
大宮通
醒井通
西中筋通
油小路通
東中筋通
西洞院通
若宮通
新町通
本国寺
横田佐衛門
西光寺
八木蔵人
川嶋主馬
本願寺
花屋町筋
竹中采女
珠数屋町筋
太鼓番屋筋
興門様
下間治部
下間数馬
下間少進
下間大進
兵部
式部
七条通
図39 本願寺寺内町

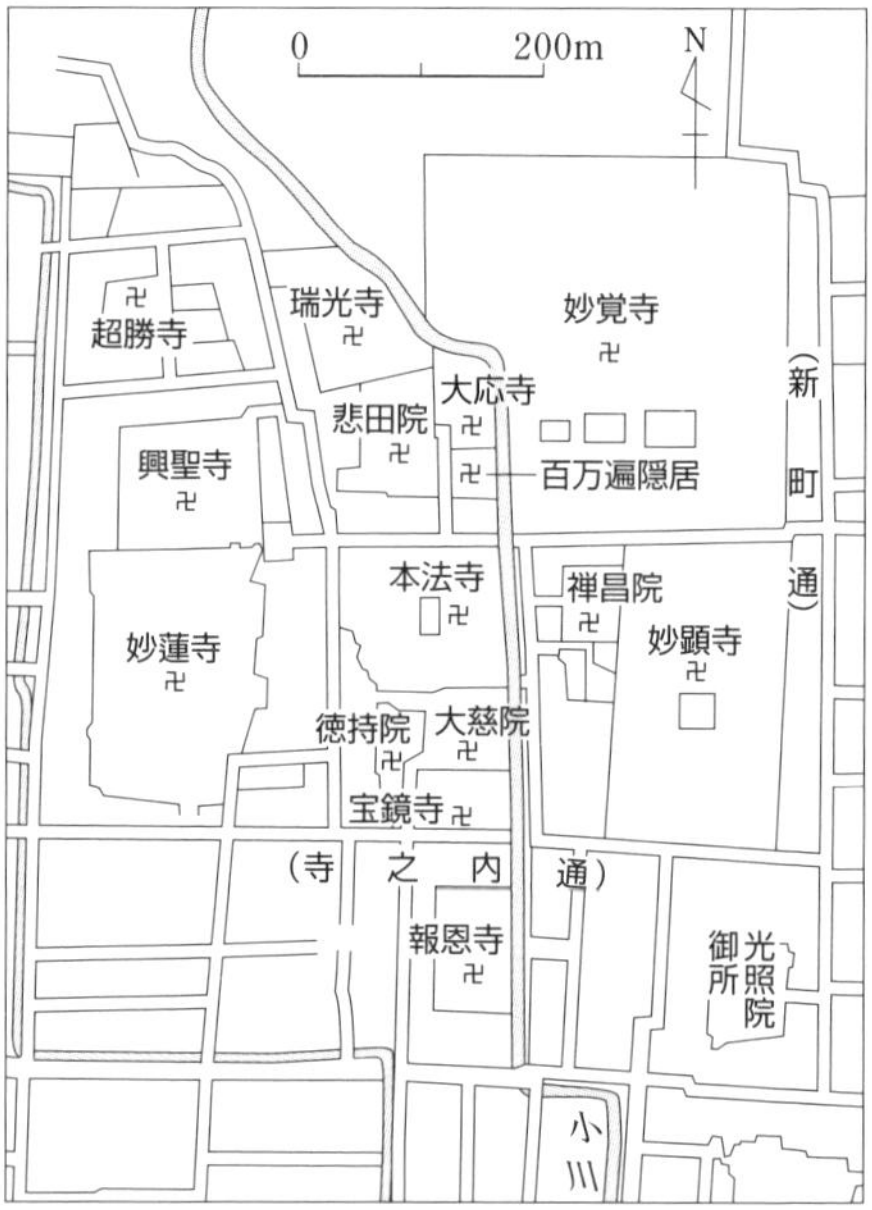
0 200m
N
瑞光寺
妙覚寺
超勝寺
大応寺
悲田院
興聖寺
百万遍隠居
(新町通)
本法寺
禅昌院
妙蓮寺
妙顕寺
徳持院
大慈院
宝鏡寺
(寺 之 内 通)
報恩寺
光照院
御所
小川
図38 寺ノ内

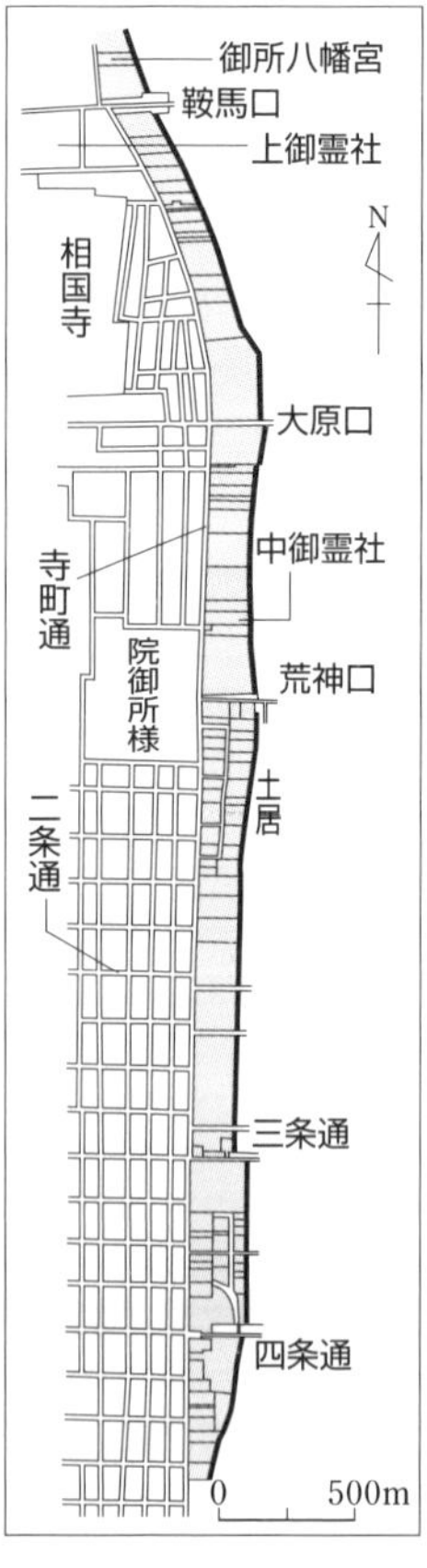
御所八幡宮
鞍馬口
上御霊社
N
相国寺
大原口
中御霊社
寺町通
院御所様
荒神口
土居
二条通
三条通
四条通
0 500m
図40 京極寺町

て、洛中の周囲に御土居の築造を行った。これはわずか一カ月という短期間の工事で完成していることからみて、すでに進められていた寺町造成などとだきあわせた土木工事がその下準備としてある程度進捗していたことを想像させる。この御土居がまず第一に京都の軍事上の防衛線の設定を目的として築造されたことは事実であるが、そのほかに治水を行いつつ洪水などの天災から京都を守り、さらに洛中と洛外を截然《せつぜん》と分かつ役割をも担っていたのである。中世末の個別の小規模な「構《かまえ》▲」は解体され、より大規模な御土居という「構」に吸収されたということができよう。

(6)寺社の復興と方広寺《ほうこうじ》大仏殿《だいぶつでん》の造営―秀吉は以上のような京都改造を強力に推し進めながらも、宗教勢力に対する配慮を忘れてはいなかった。応仁《おうにん》・文明《ぶんめい》の乱《らん》▲以降、伽藍《がらん》の再興もままならなかった多くの寺社のうち、秀吉の外護《げご》をえてようやく再興を果たしたものが多い。南禅《なんぜん》寺・東福《とうふく》寺・建仁《けんにん》寺などの五山《ござん》寺院▲、林下《りんか》▲の大徳《だいとく》寺・妙心《みょうしん》寺、その他諸宗の名刹《めいさつ》などおびただしい数の寺社が秀吉の援助のもとに寺観をととのえた。これは検地などで旧勢力である寺社の内部に介入をする一方で、寺社の再興を援護するという飴と鞭をたくみに使い分

▼**構**　戦国期京都の上京・下京の町組の周囲にめぐらされた塀や堀からなる防御施設。

▼**応仁・文明の乱**　十五世紀後半の室町《むろまち》将軍家、守護《しゅご》家の家督をめぐる内乱。嘉吉《かきつ》の乱以後、将軍家の権威は失墜し、畠山《はたけやま》・斯波《しば》・山名《やまな》・細川《ほそかわ》氏ら有力家が二派に分かれて戦闘を繰り返した。

▼**五山寺院**　中国南宋《なんそう》の制度にならった禅宗《ぜんしゅう》寺院の官寺《かんじ》制度で、その最上位にある寺格を五山という。室町幕府は鎌倉と京都にそれぞれ五山をおき、第一を天竜《てんりゅう》寺・建長《けんちょう》寺、第二を相国《しょうこく》寺・円覚《えんがく》寺、第三を建仁寺・寿福《じゅふく》寺、第四を東福寺・浄智《じょうち》寺、第五を万寿《まんじゅ》寺・浄妙《じょうみょう》寺とした。

▼**林下**　禅宗における私寺《しじ》は林下と呼ばれた。曹洞宗《そうとうしゅう》永平寺《えいへいじ》や臨済宗《りんざいしゅう》大徳寺《だいとくじ》などは林下にありながらも室町期以降、五山寺院をしのぐ勢力を伸張していった。

けた政策であった。それと同時に秀吉は一五八八(天正十六)年、豊臣氏の氏寺《うじでら》であり、国家鎮護の役割を担った方広寺▲大仏殿の造営を行っている(図41)。この大仏殿は洛中の諸寺院のさらに上に君臨する豊臣氏ゆかりの寺院として位置づけられたのである。

以上の秀吉による一連の京都改造計画は、京都から中世色を一掃し近世的な秩序のもとに再編成することを意図したものであって、これはすなわち京都を城下町《じょうかまち》化することにほかならなかった。われわれが現在みる京都の姿は、実は平安京《へいあんきょう》のそれではなく、秀吉によって改造された京都を原形としているのである。

近世京都の成立と町の空間

豊臣氏にかわって徳川氏《とくがわし》の支配下にはいった京都は、秀吉によって築かれた基礎を母体にますます近世都市としての成熟度を高めていくことになる。徳川氏は、(1)二条城《にじょうじょう》の造営(一六〇二〈慶長《けいちょう》七〉年)、(2)東本願寺寺内町《ひがしほんがんじじないまち》の建設(一六〇二年)、(3)高瀬川《たかせがわ》の開削(一六一三〈慶長十八〉年)—ただし、これは角倉了以《すみのくらりょうい》▲によ

●—図41　方広寺大仏殿(「東山名所図屏風」)

▼方広寺　一五八六(天正十四)年豊臣秀吉が小早川隆景《こばやかわたかかげ》に命じて京都東山《ひがしやま》に造営した天台宗《てんだいしゅう》寺院。東大寺《とうだいじ》大仏殿にならい大仏を安置した。

▼角倉了以　安土桃山《あづちももやま》時代から江戸時代にかけて朱印船《しゅいんせん》貿易で活躍した京都の豪商。経済力を背景にさまざまな河川改修・開発事業に取り組み、大堰川《おおいがわ》・富士《ふじ》川・高瀬川の疎通を行った。

る)、などの事業を実施しているが、これらは秀吉の華々しい都市改造に比べるといかにもめだたない。それは、秀吉によって築かれた都市基盤を継承・拡充することが、徳川幕府の基本姿勢であったからで、幕府の京都政策はこうした「ハード」な都市計画よりも、むしろ町支配を基軸とした「ソフト」な都市政策にその特徴がよくあらわれている。

一六〇一(慶長六)年に設置された京都所司代《しょしだい》は、京都はもとより畿内《きない》近国八カ国にも目を光らせる広範で強大な行政中枢機関であったが、京都市中の庶政についても直接掌握する立場にあった。しかし、一六六八(寛文《かんぶん》八)年東西町奉《まちぶ》行所《ぎょうしょ》が正式に設置されると、この町奉行が京都の町および町人支配を管轄するようになった。所司代から町奉行へと引き継がれた庶政方針は、一貫して中世末以来の町組を再編成し、大きな行政単位のなかに位置づけるものであって、個々の町人はその最末端機関である「町」を通じて掌握されたのである。これは中世末期以降自律的に形成されてきた町共同体を生かしつつ、行政末端機構のなかに組み込んでいこうとする巧妙な政策であった。町の代表者・「町年寄《まちどしより》」、隣保組織・「五人組《ごにんぐみ》」、末端役人・「町代《ちょうだい》」の設置や、町の運営の約束事を各町ごとに法文化した「町式目《しきもく》」の制定などの施策は、町共同体の自律性を尊重しながらも「町触《ぶれ》」の上意下達のシステムを確立し、行政の網が細部にまでゆきわたっていったことをよく示している。

それでは、近世京都において「町」とはいかなる構成をとっていたのか。その空間的な特徴を中心に、ここで簡単にみておこう。

京都の「町《ちょう》」は、街路を挟んで対面する家々から構成されるいわゆる「両側《りょうがわ》町《ちょう》」の形態をとるのが一般的であったが、寺社や武家屋敷の門前にある町で「片《かた》側《がわ》町」になる場合も少なくなかった。町は基本的に最小単位である「町屋敷」（土地＋家屋）が集合したものとみてよく、町屋敷の裏側が町と町との境界をなしていた。この町屋敷を所有する「町人」が町の正式の構成員であって、町屋敷を基準とした「軒役《のきやく》▲」などの役を平等に負担するとともに、町運営に参画する資格を有していた。したがって町屋敷をもたない借家人などは、原則的に町のさまざまな行事に参加する権利をもたなかったのである。

町人は「町年寄」を筆頭に、「月行事《がちぎょうじ》▲」「五人組」などを輪番で受けもち、「町会所」で定期的に開かれる町の寄合で、運営や行事にかかわる議題を相談した。

▼**軒役**　近世京都の町人負担の一つ。人別に賦課される顔役、家別の家役などがあり、軒役はおよそ間口三間《けん》が一軒役で家屋敷を基準として賦課された。

▼**月行事**　一カ月交代で当番する役。中世末から近世にかけてさまざまな組織で広くみられる。とくに町の月行事は火消人足《にんそく》の差配、火の用心、共同体施設の維持管理、喧嘩口論《けんかこうろん》の仲裁など多岐にわたる町用・公用をつとめる重要職であった。

また各町では自主的に「町式目」ないし「町掟《おきて》」と呼ばれる成文化された法を制定し、町の利害に反する職業の流入を規制したり、家屋敷売買にかかわる細かな取決めなどを行った。こうした町のあり方は、中世以来の生活共同体の経験を下敷きにしたもので、構成員相互の平等原理をあくまでその基本にすえるものであった。

このことは町の空間構成にも反映されていて、個々の町屋は街路に向かって平等に間口《まぐち》を開き、同じような敷地利用を行うかぎりにおいて、採光・通風などの自然条件も平等に享受することができたのである。隣家を併合して大きな間口をもつことや、町屋の表構えの意匠にも厳しく相互規制が加えられ、「町並」の顔をもつことが要求された。町式目などに散見される「町並」という語は、「人並」などの語とほぼ同義であって、町の標準にあわせることがその本来の意味であった。近世のいわゆる調和のとれた町並みは、右のような自主規制の結果生み出されたものであったが、屋根の勾配や高さ、格子《こうし》の意匠などの微妙な違いはそれぞれの町屋の個性の表現であり、こうした個性と規制の相克のなかでしだいに町並みの固有性が醸成されていったのであろう。

町の日常生活もまた道と分かちがたく結びついていた。両側町の中軸をなす道空間は、町の人びとの日常のコミュニケーションの場であり、子どもたちの遊び場でもあった。夏の暑い日には道に打ち水がなされ、軒下には縁台がだされ一時の涼も楽しまれた。

一方、道は不特定多数の人びとが往来する場であって、商家はこうした人びと相手に「ミセ」を開放した。町屋の接道性は本来こうした「ミセ」機能のみから生まれたとは考えられないが、「ミセ」や軒下は住居内の私的な生活空間と外部の道とをつなぐ緩衝空間として機能していたのである。

道に不特定多数の人びとがいきかうということは、つねに町の治安に問題が生じる可能性があったことを意味する。京都の町は中世末期以来木戸《きど》などでみずからの生活空間を自衛することによって形成されてきた。こうした伝統は近世にはいると権力によってたくみに換骨奪胎《かんこつだったい》されていくが、町の両端に設置された木戸は町空間を安全な空間として守るために有効に働いた。

以上のような近世的な「町」の広汎な成立をもって、秀吉以来進められてきた京都の近世都市化は一応の完成をみたということができよう。そして、こうした京都の町のあり方は、他の城下町を代表とする近世都市の町の標準ともなり、多くの近世権力は都市をつくるにあたって京都に範をとった町づくりを行った。しかしながら、京都の町は中世以来の都市居住の伝統と都市民としての自覚と自負の上に成り立っているものであって、まったく新規に町をつくる場合、形式の模倣はできたとしても内容においてこのような自律性の高い町を育てることは容易なことではなかったのである。

指物屋町の構成

近世の町屋《まちや》平面を含む町空間全体の構成が判明する例はまれであるが、これは、それが史料的に復元できる珍しいものである。図42は小川保によって復元された一八〇八(文化《ぶんか》五)年指物屋《さしものや》町平面図である。指物屋町は京都市中京区の東西の竹屋《たけや》町通にそった両側町で、近世初期には多くの指物屋が居住した同業者町であった。狭い間口の町屋が櫛の歯のように立ちならび、大部分の家の正面には店《みせ》(見世)あるいは出《で》格子がつけられた。町屋の平面はおおむね通りにわ形式の典型的な京都型平面を示し、居室は通りにわにそって一列にならぶもの

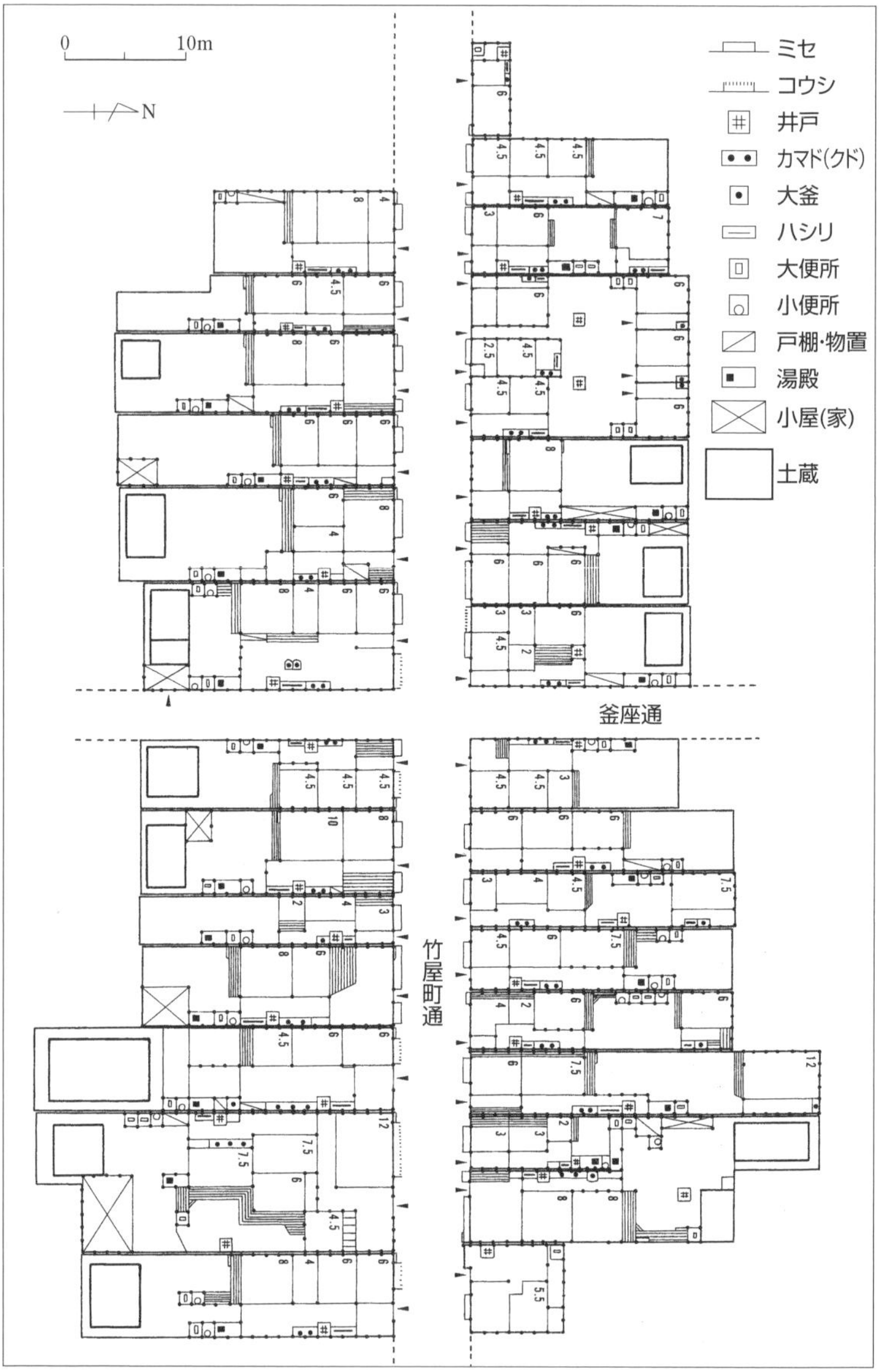

図42　指物屋町復元平面図

が大多数を占め、中戸の奥には井戸・クド・ハシリがひとまとまりとなって設置された。敷地奥には離れ・土蔵《どぞう》・小屋などの付属屋が配されるが、なかには裏に一室のみの狭小な裏借家を経営するものもあった。このように、間口が狭く、奥行《おくゆき》の深い独特の敷地はきわめて有効に利用されていた。そして、同じような敷地利用のルールを守るかぎりにおいて、町に住む人びとは通風や採光などの自然条件を等しく享受することができたのである。

京都の町屋

京都の町屋は商家の場合、通りにわにそって居室が一列ないし二列ならぶ平面となっており、表から「ミセ」「ゲンカン」「ダイドコロ」「ナカノマ」「ザシキ(オク)」などの諸室が連なる。ザシキの奥には植栽された坪庭があり、縁がめぐって上便所・湯殿につながる。この坪庭は住戸内に光や風を取り入れるという実質的な機能と同時に、ザシキと一体となって洗練された接客空間を演出する装置でもあった(図43)。

近世初期の「洛中洛外《らくがい》図《ず》屏風《びょうぶ》」に描かれた町屋には二階を居室とするものが

▼クド　民家の土間《どま》にあるカマド。

▼ハシリ　民家の土間にある流しのこと。

●—図43　町屋の坪庭

●—図44　町屋の表構え

▼妻入り　切妻形式の正面を「平《ひら》」、側面（屋根の三角形部分がみえる側）を「妻」と呼び、側面から入口をとることを妻入りという。正面からは平入り。

みられるが、近世を通じて町屋の二階は大規模な商家以外あまり発達せず、中二階である「厨子《ずし》二階」が一般的な形態であった。二階は主として納戸あるいは住込みの使用人の居室として使われていたようである。

町屋の表構えをみると、格子・出格子、揚見世《あげみせ》（ばったり床机《しょうぎ》）、犬矢来《いぬやらい》、尾垂《おだれ》、虫籠窓《むしこまど》などから構成されていて、取りはずし可能な装置が多い（図44）。町屋の軒下は住宅と道とを媒介する中間領域であることに関係している。

京都の町屋は切妻《きりづま》形式の屋根（図45）が一般的で、通りにわの幅も狭い。これは早くから都市型住宅として接隣することを余儀なくされた歴史的条件が生み出したものであって、地方の町屋では妻入り▲のものや入母屋《いりもや》屋根をもつものも少なくない。こうした均質な町屋が整然とならぶところに京都の町屋の特質がある。

一方、敷地の奥に目を転ずると、間口が狭く奥行の深い敷地は有効に利用され、離れや付属屋・土蔵などが配置される。京都では土蔵が道側に建てられることはなく敷地の奥におかれるのが通例で、江戸の土蔵造の町屋と対極をなす。敷地奥に立つ土蔵は町境になるとともに、一種の防火帯として機能していた。

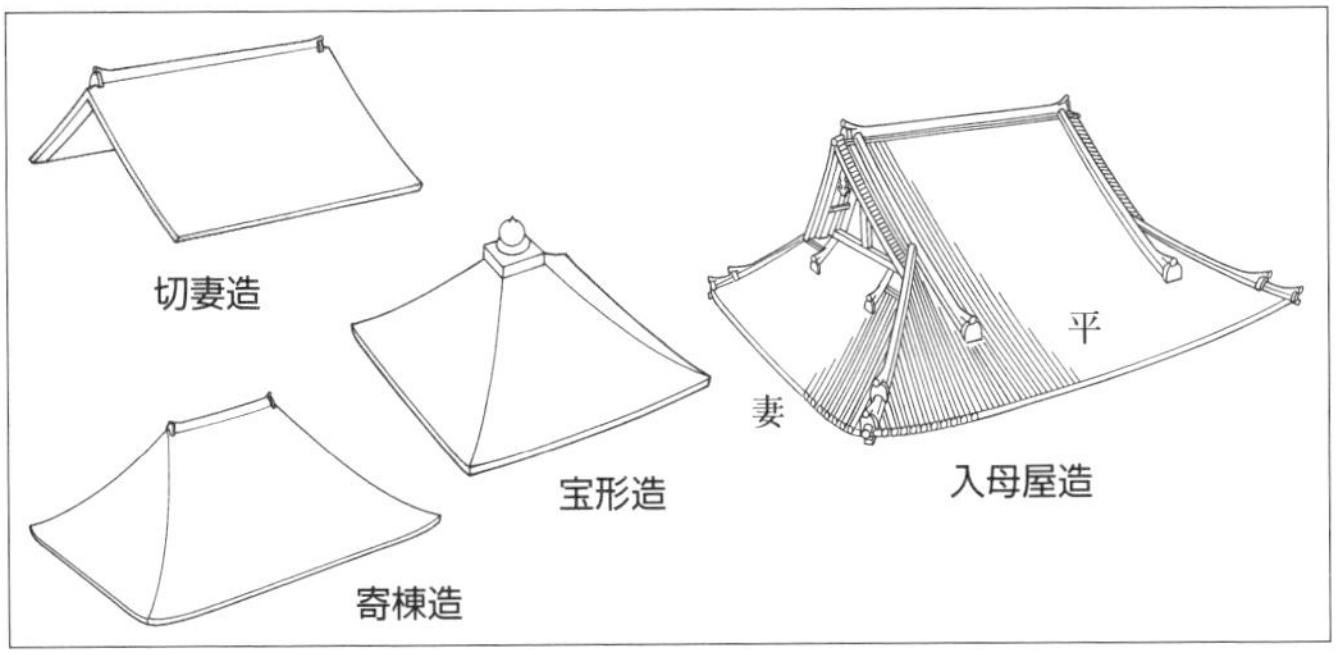

図45　屋根形式

町屋は商人や職人の住宅であったので、表の一室は商品のディスプレーや作業場・接客空間として利用された。したがって町屋の表側のミセは私的な住宅のなかにありながら、つねに不特定多数の他者を迎え入れる空間であった。通りにわには表と奥を分節するために「中戸《なかど》」という境界装置が挿入されるのは、こうした理由による。

町屋の職住一致、すなわち併用住宅としての側面は、表と奥を併存させることによって成り立っていたが、やがて大規模な町屋では店舗部分と居住部分を建築的に分離するような方向へと推移する。こうした形式を「表造」あるいは「表屋造」と呼び、京都の町屋の近世における一つの到達点を示している(図46)。三井家《みついけ》のような大店《おおだな》は近世を通じて隣接する土地をつぎつぎと集積し、街区内で隣町にまでおよぶ巨大な屋敷を構えるにいたるが、道に面する部分には「町並之見世棚」を設け、均質な町並みへの配慮が認められる(図47)。表屋造といい、町並みの見世棚といい、京都の町がいかに町並みの論理で貫かれていたかをよく物語っている。

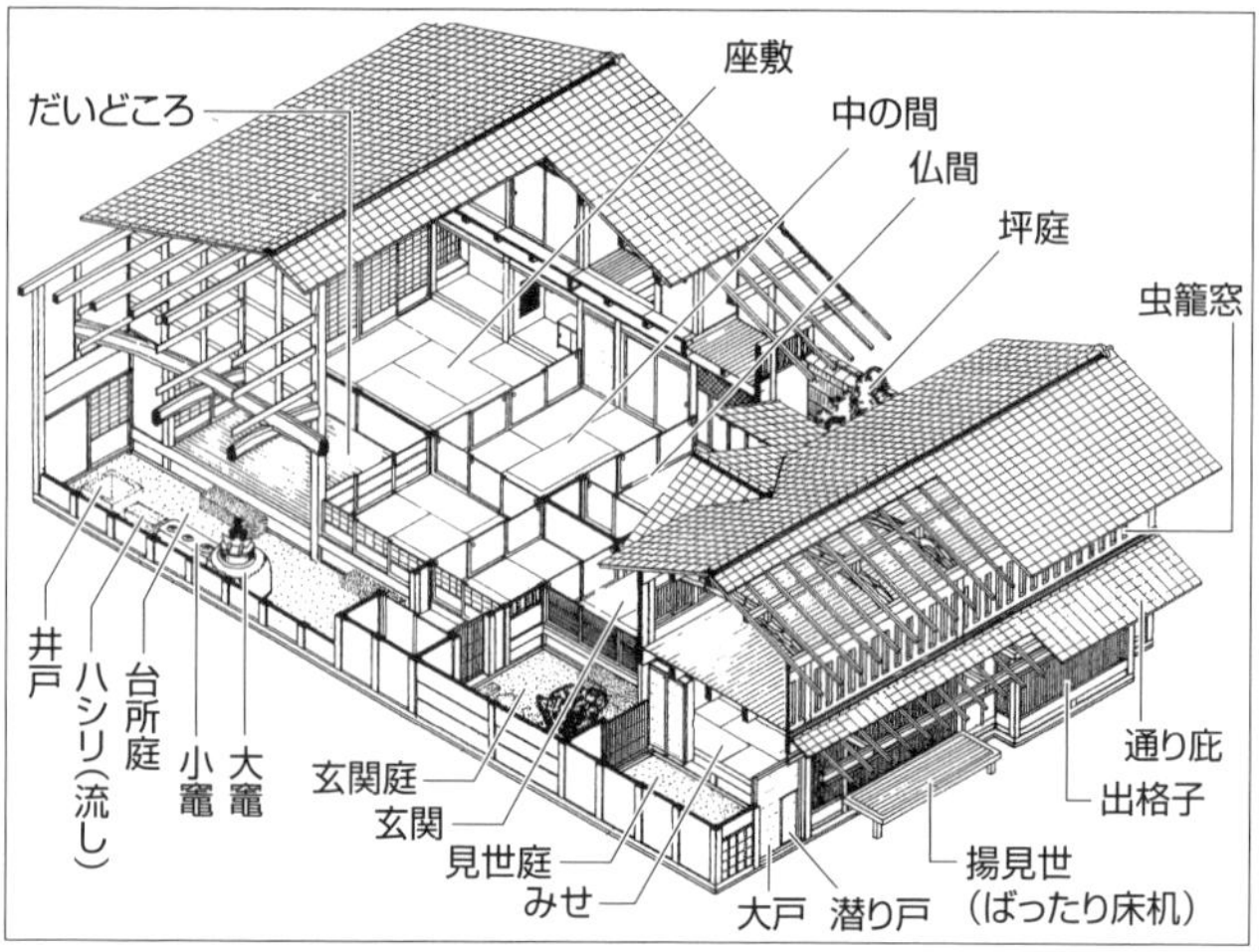

●── 図46　表屋造

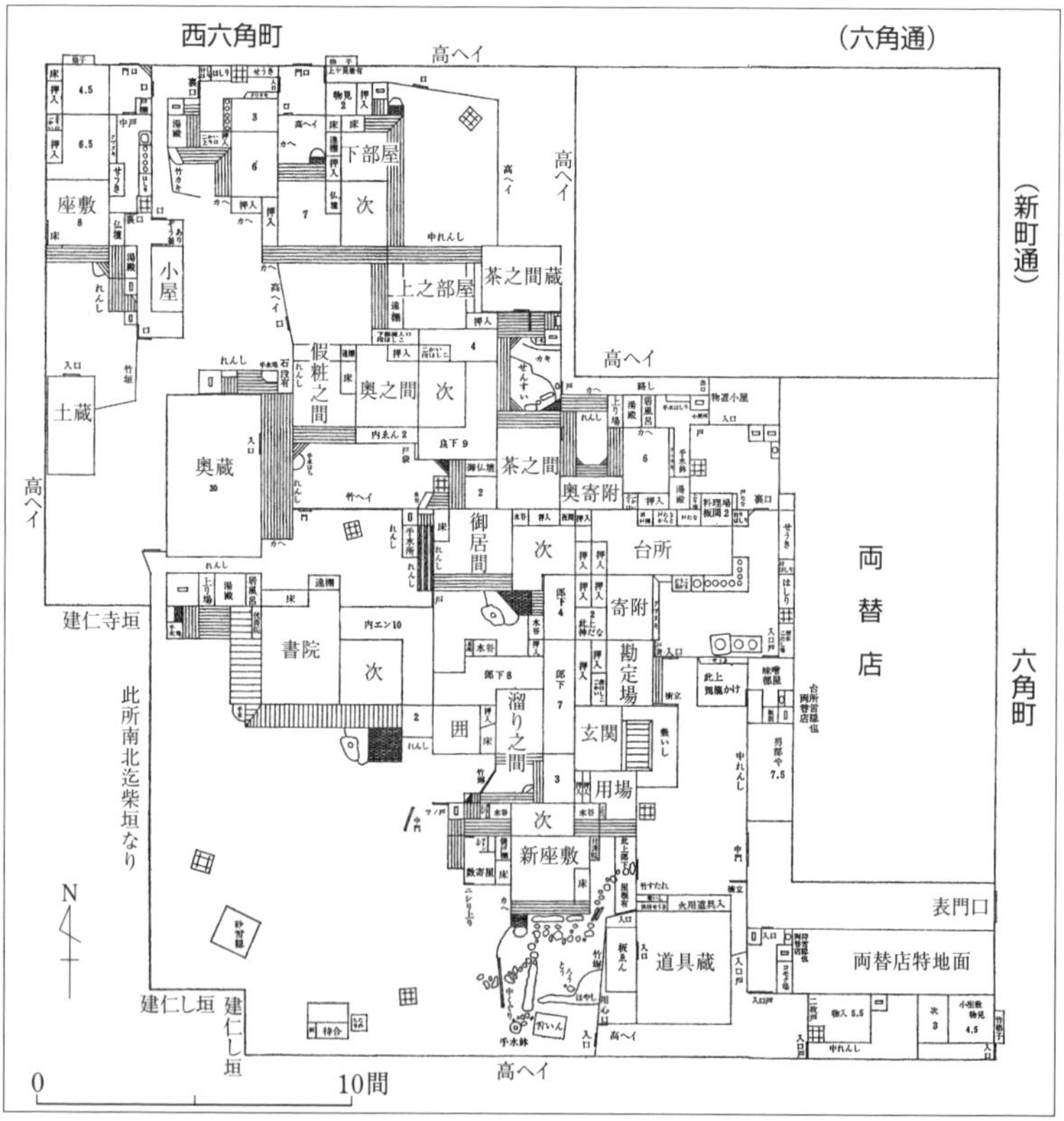

●── 図47　京都新町三井家居宅復元平面図

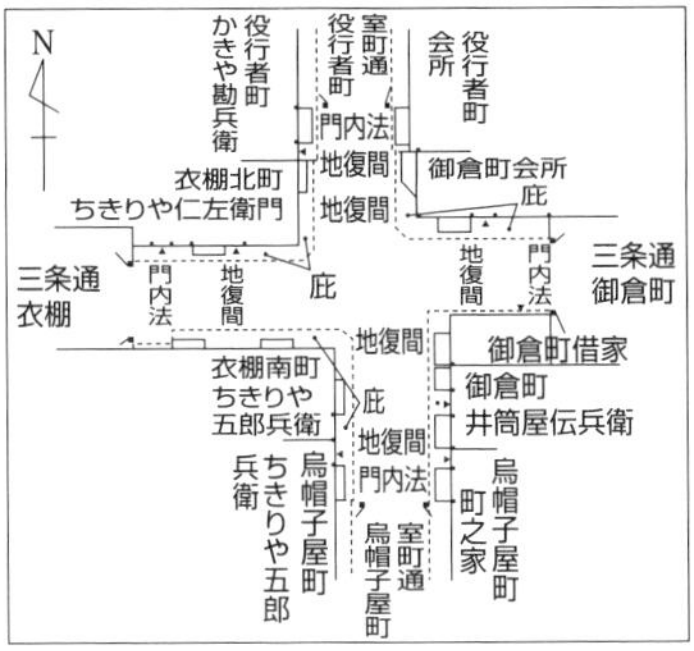

●図48　三条室町の四ツ辻

町共同体施設

町が共同管理する施設には、木戸以外に共同便所・上下水・天水桶《てんすいおけ》・芥箱《あくたばこ》などがあったが、これらも路上ないし軒下におかれ、道空間は単に通路機能だけでなく多義的な「広場」としての性格をも有していたことが明らかである。中世末の『日葡辞書《にっぽじしょ》』に「町」は「家々が続いて列をなしている市街。街路」と記されているのは、いかに町と道とが密接不可分な関係にあったかを雄弁に物語っている。

近世都市の基底的単位をなした町を物的側面からみれば、ほぼ共通してつぎのような要素がみいだせる。(1)町屋敷(建家＋宅地)、(2)基幹施設(道・上下水道・井戸・芥箱・雪隠《せっちん》など)、(3)維持管理施設(木戸・番屋《ばんや》・会所《かいしょ》・火消道具・用水・高札《こうさつ》など)。これらの諸施設は町の共同生活に密接にかかわるものであって、維持管理は町中の構成員が公平に負担した。こうした維持管理も近世中期以降の不在地主の増加と、専業のサービス業者の成立によって、直接的な労働力提供は貨幣で代替されるが、共同負担という原則は変わらなかった。

木戸は町の両端に設けられた門で、夜の四《よ》ツ時《どき》(十時)になると閉じられ、不審者の出入りを防止した。木戸閉鎖後の通行人は潜りをぬけて一々町送りされた。木戸は中世末期に都市の自衛防御施設として創出されたものであるが、近世にはいると幕府《ばくふ》の治安維持の一翼を担った。木戸の形態は京都烏帽子屋《えぼしや》町の場合、両側に袖壁をもつ門柱二本のあいだに二枚の扉を観音《かんのん》開きに吊り、その一枚に潜りを設ける。四町が接する四ツ辻には、どの町にも属さない空間ができる。ここで捨て子などの問題が生じた場合、各町協議のうえ事後処理にあたった。三条室町《さんじょうむろまち》の四辻の図には、木戸脇に二町の会所▲が描かれ、辻の管理となんらかの関係があったことをうかがわせる（図48）。

町の寄合の場所として町内に設けられた町屋を町会所という。京都の町会所は、通常、会所家、堂・祠《ほこら》、土蔵からなり、会所家では寄合・町汁《ちょうじる》▲などの町政が行われ、町の重要書類である水帳《みずちょう》▲（土地台帳）・宗旨人別帳《しゅうしにんべつちょう》▲・証文類は土蔵に保管された。町会所には火の見櫓《やぐら》が併設されるものもあった。『守貞漫稿《もりさだまんこう》』▲には大坂の会所屋敷に設置された火の見について、「京坂の俗は櫓と云ず、常に半鐘《はんしょう》を名とす」とある。町会所は町中持、すなわち町が共同で所持する町屋敷であって、その維持管理も町中が共同であたった。

▼**会所**　町会の執務・集会の場として町中に設置。町触の伝達、諸文書の作成・保管、町の定期的な寄合の場として利用された。

▼**町汁**　原則として年二回、親睦のため町の構成員が集まって会所などで共同飲食をする会。町内の重要な取決めが行われた。

▼**水帳**　近世の土地台帳および地籍図。大坂ではこれを水帳といい、江戸《えど》では沽券帳《こけんちょう》・沽券図と呼ばれた。水帳には宅地の間口・奥行と所有者名が記され、売買・譲渡によって名義人が変わると付箋《ふせん》を上から貼って所有権の移転を記録した。

▼**宗旨人別帳**　宗門《しゅうもん》人別改《あらため》帳《ちょう》とも。江戸時代に宗門改めと人別改めを一体化させ、町・村ごとに作成した戸口《こぐち》の基本台帳。家族はもとより奉公人などの名前も書き上げられる。

▼**『守貞漫稿』**　八六ページ参照。

④―大坂と町屋―中世から近世へ

中世末の大坂

　大坂の都市史は、つねに「上町《うえまち》台地」という洪積段丘《こうせきだんきゅう》を主要な舞台として繰り広げられてきた。古代条坊《じょうぼう》都市・難波京《なにわきょう》▲、中世寺内町《じないまち》・石山本願寺《いしやまほんがんじ》▲、中世門前町《もんぜんまち》・四天王寺《してんのうじ》▲、近世城下町《じょうかまち》・大坂、などの各時代の代表的な都市を地図上でみると、その中心部分は時代を越えて、地形的条件にめぐまれた上町台地上に立地したことがわかる。大坂の地形は大きくみて、この上町台地(洪積層)と旧淀川《よどがわ》水系によってつくられた大阪平野(沖積層《ちゅうせき》)からなるが、この対照的な地形の組合せが、大坂という都市の成り立ちや発展を考えるうえで不可欠な基礎条件になっている。

　ここでは、まず近世大坂の重要な前提をなしたと考えられる中世後期の二つの都市を取り上げよう。十五世紀から十六世紀にかけてのほぼ同時期に、上町台地の北端と中央部に存在した石山本願寺寺内町と四天王寺門前町である。

　石山本願寺は、一四九六(明応《めいおう》五)年本願寺第八世法主《ほっす》蓮如《れんにょ》▲によって建設され

▼**難波京**　大坂難波津近傍の上町台地上に営まれた難波宮を中心とする都城《とじょう》。難波宮は孝徳《こうとく》天皇の遷都《せんと》以後、およそ一五〇年間存続。難波津は外国使節や遣隋使《けんずいし》・遣唐使《けんとう し》が発着する外港として機能した。

▼**石山本願寺**　一四九六(明応五)年蓮如が摂津《せっつ》国東成《ひがしなり》郡生玉《いくたまの》荘《しょう》大坂に建立した御坊。当初は隠居所《いんきょじょ》であったが、一五三二(天文《てんぶん》元)年以降本山《ほんざん》となり、周囲に土居や堀をめぐらし寺内町化した。

▼**四天王寺**　大阪市天王寺区にある和《わ》宗総本山。物部守屋《もののべのもりや》討伐の際に厩戸《うまやと》皇子が四天王のために寺塔建立を誓願した。

▼**蓮如**　本願寺八世。浄土真宗《じょうどしんしゅう》(一向宗《いっこうしゅう》)中興《ちゅうこう》の祖で室町時代、道場《どうじょう》・講《こう》・御文《おぶみ》などによって地方門徒の拡大・結束に成功し、本願寺教団の発展の基礎を築く。吉崎《よしざき》御坊・山科本願寺・石山本願寺などの寺内町建設を行った。

た寺内町で、中世末期には織田信長《おだのぶなが》と相伍するほどの一大勢力を形成した本願寺の拠点都市であった。

石山本願寺の位置と規模については、かつて若干の議論があったが、今のところ現在の大阪城二《に》の丸《まる》の内側に比定するのが妥当である。のちに秀吉《ひでよし》が築城する大坂城の本丸・二の丸は、石山本願寺の遺構を再利用したものであることは、文献史料・発掘調査などからほぼ確実とみられるからである。

石山本願寺が都市としてのどのような構成をもっていたかについては、不明な点が依然として多いが、『天文日記《てんぶんにっき》▲』や『私心記《ししんき》▲』などの同時代史料から復元的に推察すると、およそつぎのようであった。

(1)寺内（境内地《けいだいち》）のまわりには、地形の要害性にあわせて堀・土居《どい》・構《かまえ》（塀）・櫓《やぐら》などの防御施設が築かれ、城塞《じょうさい》都市の体をなしていた。またその出入口は六つあり、それぞれ木戸門《きどもん》で閉鎖されていた。

(2)寺内は大きくみて、本願寺の主要堂舎その他の施設がある「御坊《ごぼう》」と、門徒《もんと》集団・商工業者が集住する「町《ちょう》」の二郭から構成されていた。御坊は寺内の西端に東を正面として立ち、町はそれを取り囲むように存在していた。こ

▼『天文日記』　本願寺十世証《しょう》如《にょ》の一五三六（天文五）年正月から五四（同二十三）年八月までの日記で、『証如上人《しょうにん》日記』『本願寺日記』ともいう。天文期の本願寺・坊主衆《ぼうずじゅう》・門徒の動向、政治情勢、石山本願寺寺内町の実態を知る根本史料。

▼『私心記』　蓮如の第二十七子順興寺実従《じゅんこうじじつじゅう》の日記で、一五三二（天文元）年八月四日から六一（永禄四）年十二月三十日までの記事をおさめる。法式に関する記事が大半を占めるが、その他の重要な史実も記されており、『天文日記』とともに当該期本願寺の基本史料。

の構成は山科《やましな》本願寺▲とも類似し、真宗《しんしゅう》寺院の伽藍《がらん》配置を原則にしたものとみることができる(図49・50)。

(3)町には、新屋敷《しんやしき》・北町屋《きたまちや》・北《きた》町・西《にし》町・清水《しみず》町・南《みなみ》町の六町があり、さらにその内部には、檜物屋《ひものや》町・青屋《あおや》町・横《よこ》町・中《なか》町などの枝《えだ》町が形成されていた。各町は年寄《としより》・宿老《しゅくろう》・若衆《わかしゅう》▲によって運営される自治組織をもち、鍛《か》冶《じ》屋・大工・酒屋・米屋などの多くの商工業者が住んでいた(一五六二〈永《えい》禄《ろく》五〉年の火災時に約二〇〇〇軒が焼失したという記録がある)。彼らは本願寺の庇護のもとで活発な経済活動を行い、多様な都市生活を享受した。

(4)本願寺は、対外的には守護不入《しゅごふにゅう》▲などの諸特権の獲得に腐心し寺内町の平和領域化を推進する一方、対内的には寺内住民を一元的に支配した。警察裁判権・地子《じし》、諸役の収取権などの権利はすべて本願寺が掌握しており、まさに都市領主《りょうしゅ》と呼ぶにふさわしい存在であった。

石山本願寺は一四九六年に建設され、織田信長との一〇年におよぶ死闘(石山合戦《かっせん》)の末敗れ一五八〇(天正《てんしょう》八)年に開城するまでの八〇余年、真宗教団の最高峰として君臨した。一方、寺内町内部においては、強大な都市領主・本願

▼山科本願寺　京都山科に営まれた一向宗本山。蓮如は浄乗《じょうじょう》から寄進《きしん》された土地に一四七八(文明十)年坊舎《ぼうしゃ》の建立に着手し、御影《みえい》堂《どう》・阿弥陀堂《あみだどう》ほか寺内の諸建築はもとより八つの町を内包する寺内町を完成させた。三重の郭《くるわ》の周囲には土居と堀がめぐり、防御的な本願寺の拠点都市が誕生した。

▼年寄・宿老・若衆　戦国期の惣村《そうそん》や町では共同体のさまざまな運営を行うために、年寄・宿老・若衆からなる年齢階梯的な自治組織を形成した。石山本願寺寺内にもこうした自治組織の存在が確認できる。

▼守護不入　守護使《し》不入とも。鎌倉・室町時代、守護が現地に入部することを禁じたもの。守護はその本来の職務(御家人大番督促《ごけにんおおばんさいそく》、犯科人《はんかにん》の追捕《ついぶ》・検断《けんだん》など)によってあらゆる場所にはいる権限を有していたが、幕府や寺社によって守護不入地がしだいに広がった。

●── 図49 山科本願寺寺内町

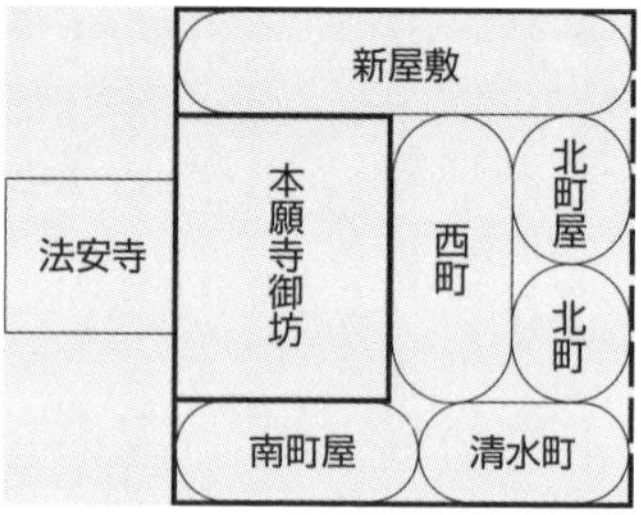

●── 図50 石山本願寺寺内町構成概念図

▼西門信仰　海のはるか向こうに西方《さいほう》浄土があるという信仰。観無量寿経《かんむりょうじゅきょう》では往生《おうじょう》のための観法《かんぼう》の一つに日想観《にっそうかん》がある。

寺は、従属する町々を庇護すると同時に一元的に支配した。こうした中世的領主支配のあり方は、都市核＝本願寺「御坊」と、それを取り囲む「町」という二郭構成の都市形態にも直接的に反映されていたのである。

石山本願寺が都市として繁栄を謳歌していたころ、そのすぐ南の上町台地上にあった四天王寺も多くの人びとを吸引しつつあった。

平安《へいあん》末期以降、盛行をきわめる浄土《じょうど》信仰のなかで、難波江の海の極楽《ごくらく》浄土へ向かう四天王寺西門《にしもん》の信仰は中世の人びとのあいだでしだいに定着し、彼岸《ひがん》中日《ちゅうにち》には上下貴賤の雑多な人びとが群衆をなしたことはよく知られている。

四天王寺の西門前を南北にとおる街道は、南の住吉《すみよし》・堺《さかい》へつながる中世の主要街道・「熊野《くまの》街道」で、西門信仰▲のみならず熊野詣《もうで》や堺に行き来する人びとでにぎわった。こうした人びとを相手に西門前ではしばしば大規模な市《いち》が開催された。

四天王寺はまた『一遍聖絵《いっぺんひじりえ》』に描かれるように、乞丐人《こつがいにん》▲の溜まり場でもあった。病につかれた者も含め四天王寺境内外に集団をなしていたのである。

一方、中世四天王寺では数多くの祭事や法会《ほうえ》が営まれ、四天王寺伶人《れいじん》▲による荘厳な舞楽が頻繁に演じられた。おそらく中世四天王寺は、寺院を中核として聖俗相交わる固有の場を形成していたのであって、その場の特性は、浄土と現世が接続する両義的な「聖域・広場」的な空間であったと想像される。

当時の四天王寺を中心とした周辺の具体的な状況は必ずしも明らかではないが、『大乗院寺社雑事記《だいじょういんじしゃぞうじき》』▲の一四九九（明応八）年の記事に「天王寺ハ七千間在所」とあるように、かなり大規模な在所が形成されていたようである。断片的な史料から想像すると、その構成はおよそつぎのようなものであった。

四天王寺の西門前の上町台地西斜面には熊野街道を軸として門前町が形成され、商工業者や伶人たちの居住区があった。彼らは四天王寺の支配下におかれ、一定の公事銭《くじせん》▲をおさめていた。ここでは時として大規模な市が開かれたが、これも四天王寺の管轄下にあった。四天王寺の周囲には、北《きた》村・東門《ひがしもん》村・南《みなみ》村・川堀《かわぼり》村・国分《こくぶん》村・花園《はなぞの》村・土塔《どとう》村の七つの村がちょうど四天王寺を取り囲むように存在し、これらの村々も料足《りょうそく》▲などを通じて四天王寺配下に組み込まれていた（図51）。

「天王寺ハ七千間在所」というのは、おそらくこれら総体をさすのであり、石

▼**乞丐人**　乞食《こじき》・ものもらい。能「弱法師《よろぼし》」は、難波の四天王寺を舞台にして、盲目の乞丐人俊徳《しゅんとく》丸《まる》をすてた父親との再会と和解を描いた作品。

▼**四天王寺伶人**　毎年四月二十二日、四天王寺聖霊会《しょうりょうえ》が行われ、舞楽《ぶがく》が石舞台で奉納される。舞楽を行う楽人《がくじん》を伶人という。

▼**『大乗院寺社雑事記』**　興福寺《こうふくじ》大乗院門跡尋尊《もんぜきじんそん》の日記。一四五〇（宝徳《ほうとく》二）年から一五〇八（永正《えいしょう》五）年の寺内の行事・人事や当該期の政治・経済・文化全般の記録。

▼**公事銭**　公事を貨幣で代納すること。公事は雑公事（地域の特産物や手工業品などの物納）と夫役《ぶえき》（労働力提供）に大別される。

▼**料足**　銭《ぜに》のこと。料脚《りょうきゃく》・要脚《ようきゃく》ともいう。本来は必要な費用のことを意味したが、銭で支払うことが多かったので、しだいに銭のことをさすようになった。

山本願寺のように要害化していた形跡こそ認められないが、都市領主としての寺院とそれに従属する町や村、という基本的構成はまったく同じであったことに注目する必要がある。

豊臣《とよとみ》秀吉の城下町建設前夜の大坂は、おそらくこうした個別の都市領主とそれを取りまく町・村という中世特有の有機的なまとまりが点在するような状況であって、そのなかでも上町台地上の石山本願寺と四天王寺は中世末大坂の二大都市と呼ぶにふさわしい活況を呈していた。秀吉による近世初期の都市計画は、こうした中世末の都市を前提としつつ、これらをいかに解体・再編しあらたな都市構想のなかに組み込んでいくかが重要な課題であったはずである。

大坂城下町の建設

一五八三(天正十一)年四月、賤ケ岳《しずがたけ》の戦いで宿敵柴田勝家《しばたかついえ》▲を滅ぼした秀吉は、当時石山本願寺の跡地を支配していた池田恒興《いけだつねおき》▲を美濃《みの》に移して大坂を直轄地とし、六月には京都大徳寺《だいとくじ》で故信長の一周忌法要をみずからの手で執り行うなど信長の後継者としての演出をすませるや否や、大坂城の築城に取りかかった。

●──図51　四天王寺付近(明治十九年「大阪実測図」)

▼柴田勝家　織田家の重臣《じゅうしん》で、織田信秀《のぶひで》・信行《のぶゆき》・信長に仕える。つねに織田家の先鋒として活躍し、数々の戦功をあげる。とくに越《えち》前《ぜん》・加賀《かが》一帯を支配していた一向《いっこう》一揆《いっき》平定に功があり、越前国支配をまかされる。信長死後、豊臣秀吉と対立し、賤ケ岳の戦いで自刃《じじん》。

それは石山本願寺の遺構を踏襲しながらも、天下人秀吉の新都にふさわしい巨大で壮麗なモニュメントの創造でなければならなかった。

大坂の要害性はすでに石山合戦で証明済みであり、それに加えて京都・奈良・堺に近く、大和《やまと》川・淀川・海に囲まれた交通至便の立地は、天下統一をめざす秀吉の根拠地としてまたとない場所であった。

秀吉は、大坂にはいるとただちに天守《てんしゅ》を含む本丸工事(第一期工事)に着手する。これは一五八三年九月から八五(天正十三)年四月までの短期間に実施され(小牧《こまき》・長久手《ながくて》の合戦《かっせん》▲で中断あり)、石山本願寺の要害を踏襲・強化する一方、信長の安土城《あづちじょう》を凌駕《りょうが》するような大天守の造営に全力がそそがれた。引き続き一五八八(天正十六)年四月まで行われた第二期工事では、二の丸が築造され、この工事でのちの大坂冬の陣▲で埋めつくすのに多大な労力が費やされるほどの巨大な堀が完成した。この堀もまた石山本願寺の外堀を利用したものであったと考えられる。

このような築城工事と並行して一五八三年、秀吉は町づくりにも着手している。秀吉の初期の町づくり構想は、かなりユニークなものであった。それは、

▼**池田恒興**　織田信長の家臣《かしん》。母は信長乳母の養徳院《ようとくいん》。本能寺《ほんのうじ》の変《へん》後、豊臣秀吉とともに明智光秀《あけちみつひで》を討つ。清洲《きよす》会議で摂津《せっつ》支配が認められる。小牧・長久手の合戦で敗死。

▼**小牧・長久手の合戦**　一五八四(天正十二)年、尾張《おわり》国小牧・長久手における豊臣秀吉と徳川家康・織田信雄《のぶかつ》連合軍との合戦。戦いは膠着《こうちゃく》状態が続き、秀吉は三《み》河《かわ》国岡崎《おかざき》攻めを断行するが長久手で敗走。最終的に秀吉・信雄間に講和が成立するが、家康の実力を世に知らしめることになる。

▼**大坂冬の陣**　徳川氏が豊臣氏を滅ぼした大坂の陣。一六一四(慶長十九)年冬の陣と一五(元和元)年夏の陣の二度にわたる。徳川軍は大坂城を包囲し一時講和が成立するが、講和を無視して内堀埋立《うめたて》を断行。豊臣軍は野戦《やせん》で最後の抵抗を試みるが敗北。秀頼《ひでより》と淀《よど》君《ぎみ》が自刃し豊臣氏は滅亡する。

大坂城とその南の四天王寺をつなぐ街道にそって、線状に町を建設するという計画であって、それはさらに住吉をへて貿易港堺にまで達することを意図したものであった。このうち大坂城と四天王寺のあいだの「線状都市」平野町は、中世後期には堺とならんで都市的発展をとげていた平野郷《ひらのごう》▲から富裕町人を強制移住させることによって実現したものである(図52)。

ここで注目されるのは、中世末期の大坂における二大都市、石山本願寺寺内町と四天王寺在所《ざいしょ》のいずれもが、あらたな都市建設構想のなかに組み込まれていた点である。石山本願寺は大坂城へ、四天王寺における町場はそのまま利用し、この二つの重要な、しかし孤立した「点」は、あらたな町という「線」によって結ばれたのである。近世の都市建設というと、まったくあらたな計画が施行されたというイメージがあるが、秀吉の初期の都市計画はいかに中世的到達点を有効かつ巧妙に利用して都市を建設するかに多大な知力が傾けられたことを教えてくれる。

築城工事は、二の丸完成後しばらく中断していたが、一五九四(文禄《ぶんろく》三)年になると惣構堀《そうかまえぼり》▲の普請《ふしん》が行われる。二の丸の西・南には、すでに武家《ぶけ》屋敷が建

▼**平野郷**　大坂大和川下流の右岸、平野川中流左岸に位置した中世都市。フロイス『日本史』によると、ここには多くの富裕商人が住んでいたという。中世以来南蛮《なんばん》貿易に活躍した末吉《すえよし》氏ら平野七名家《しちめいけ》が自治的に町の運営にあたった。

▼**惣構堀**　都市全体を取りまく堀のこと。

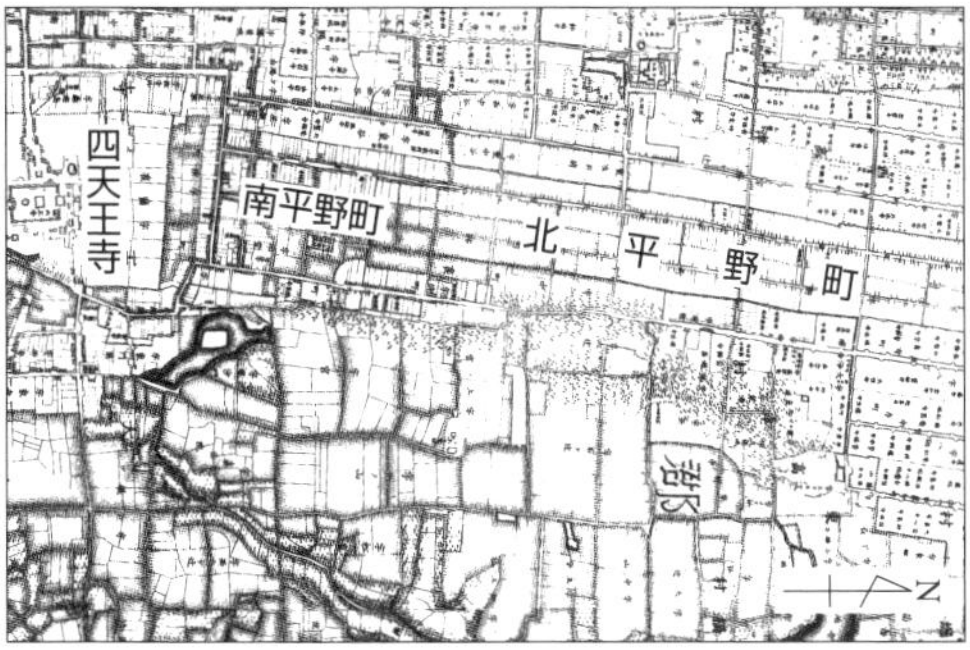

●──図52　平野町(明治十九年「大阪実測図」)

設されていたが、これらをさらに外側から取り囲み、大坂城の最外部の防衛線をなすものであった。このとき、一五八五年に上町台地の西のエッジを利用して開削されていた東横堀《ひがしよこほり》川が本格的に掘りなおされた。

惣構の内側には、武家屋敷以外に町人地も建設され、秀吉にゆかりのある有力町人が居を構えた。この町人地は「上町」ないし「内町《うちまち》」と呼ばれ、さきの線状の町と比べて明らかに優位性の高い地区であった。上町の町割《まちわり》はおおむね、京都における秀吉の町割を九〇度回転させたものとみられ、街区の大きさは東西六〇間《けん》・南北三〇間が基準となっていた。大坂の町は全体的にみて、東西にとおる道路を主要な道路として構成されているが、それは上町の町割のなかにすでに内在していたのである。この惣構の完成をもって、大坂城下町は一応の成立をみたということができよう。

以上の初期の都市計画は、いずれも上町台地上で完結する計画であったことに注意しておく必要がある。秀吉の当初の構想では、城下町として(1)城、(2)城周辺の武家屋敷、(3)町人地(「内町」としての上町、城と四天王寺を結ぶ線状の「外町」)、の三つがあればとりあえず十分であって、これを狭い意味での城下町と考えていたものと思われる。上町台地上での完結性とはそのようなことを示している。しかし、優れた都市計画家でもあった秀吉は、大坂をこうした狭い範囲にとどめておくような貧弱な計画で満足していたわけではもちろんない。それは、「船場《せんば》」と「天満《てんま》」の開発に顕著にあらわれている。

船場の成立

大坂の町人地の代名詞でもある船場は、上町台地の下、淀川デルタ（大阪平野）上に展開した地区で、北は大《おお》川（旧淀川）、東は東横堀川、西は西横堀川、南は長堀《ながほり》川に囲まれた部分をいう。船場が町場《まちば》化された時期は必ずしも明らかでないが、毛利《もうり》『天正記《てんしょうき》』▲の一五八八（天正十六）年の記事に「寅《とら》の刻《こく》に道修《どしょう》町に火事これ有り、家廿《にじゅう》計り焼失候」、また『言経卿記《ときつねきょうき》』八七（同十五）年に「大坂瓦《かわら》町ニ河林越後守《かわばやしえちごのかみ》」とあり、すでに天正年間（一五七三〜九二）に船場の町・道修町・瓦町の存在が確認できる。したがって、秀吉の上町台地上の都市建設と並行して、船場もごく早い時期から町場化していったのであろう。

この淀川デルタは中世末までは低湿地であり、ところどころに小規模な集落

▼毛利『天正記』　毛利輝元《てるもと》の上洛《じょうらく》のとき、同行した家臣がそのようすを記録したもの。一五八八（天正十六）年七月から九月までの上洛のようすを詳細に描く。

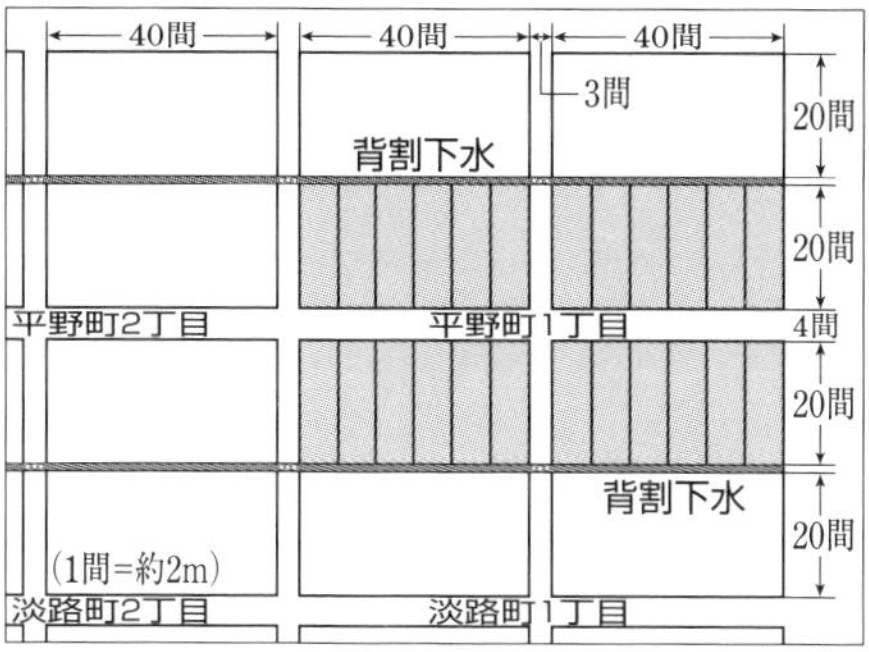

●図53 船場の町割模式図

が散在する程度の未開発地であった。ここを都市化するためには、かなり大規模な土木工事が必要であった。淀川デルタの開発は、本格的には江戸時代をまたねばならないが、その基本的な方法はつぎのようなものであった。まず既存の地形や水系を利用して適切な場所に掘割をほどこし乱流する水系を統御し、ついで掘り上げられた土を埋土として宅地造成を行うのである。大坂の多くの堀川は単に水運のためだけに開削されたのではなく、この宅地造成と密接な関係があったことをみのがすことはできない。そして、その最初の工事は秀吉によって着手されたと考えられるのである。すなわち、秀吉による一五八五(天正十三)年の東横堀川の開削は、明らかに船場の開発と表裏一体をなすもので、この堀の土で堀の西側のデルタ地帯の造成が行われたと推定される。

　さて、船場は現在の地図をみても明らかなように、方四〇間の正方形街区を基準として東西・南北の道路が格子《こうし》状にとおる整然とした町割をもっている(図53)。この町割の主要な部分は秀吉時代に施行されたもので、その範囲は地形・寺社や武家屋敷の立地・町名などから判断しておよそ北は道修町、南は博《ばく》労《ろう》町、東は東横堀、西は心斎橋《しんさいばし》筋に囲まれた、東西一三町・南北八町の部分であったと推定される。これはちょうど本町通りを中心軸として南北対称形をなし、船場のなかでももっとも規則的な道路パターンをもつところである。船場の残りの部分は、この町割を引き継ぎながらその後徐々に都市化していったのであろう。

船場の町は、東西の通りを主要な道路として構成されており、街区中央の東西に敷設された背割《せわり》水路が町境になっていた。ここには瓦町・米屋《こめや》町・唐物《からもの》町などの同業者町と淡路《あわじ》町・備後《びんご》町・安土町・久宝寺《きゅうほうじ》町などの大坂周辺の町からの集団移住地区があり、初期の段階では桶《おけ》屋・塩屋・紺《こう》屋・油屋などの日用品の加工を中心とする職人層や小売の商人層が集住していた。このような船場の零細な工業都市的性格は江戸時代初期まで継続するが、江戸中・後期になるとしだいに富をたくわえた豪商《ごうしょう》が登場し、船場は豪商の大店《おおだな》が林立する大坂の中心地へと成長していく。高麗橋《こうらいばし》通りには三井《みつい》・鴻池《こうのいけ》・升屋《ますや》などの両替商《りょうがえしょう》▲の店が立ちならび、道修町では薬種業者の大店が軒を連ねるようになった。

▼**両替商**　江戸幕府は貨幣を金・銀・銅の三種に統一したが、旧来からの商慣習で上方は銀貨、江戸は金貨が流通した。そのため相場に応じて貨幣の両替・売買や商品の決済を行う両替商を必要とした。

天満寺内町

大川の北、天神祭《てんじんまつり》で有名な天満天神宮《てんまんてんじんぐう》▲が鎮座する一帯は、通称「天満」と呼ばれる地区で、江戸時代には船場とならぶ繁栄をとげた。実は、この天満もすでに秀吉の大坂都市構想のなかに組み込まれていたのである。

天満は船場とは異なり、中世後期には天満天神の門前町や大川沿いの「渡辺《わたなべの》津《つ》」と呼ばれる港町の存在が確認されるなど、局地的には一定の町場化が進展していた。しかし、全体としては「天満ノ森」と称されるように、未だ自然景観を多く残すところであった。一五八五（天正十三）年、秀吉はこの天満の地を本願寺に寄進《きしん》し、寺内町の建設を強制する。本願寺は石山開城後、紀州《きしゅう》鷺《さぎ》ノ森《もり》、和泉貝塚《いずみかいづか》を転々としていたが、秀吉の命によってここにようやく落ち着き先をみいだし、天満本願寺寺内町を建設することになる。

天満寺内町が建設された場所は、北は天満東寺町（これはすでに一五八三〈天正十一〉年に着手されていた）、東は天満天神宮、西と南は大川に囲まれた部分で、ここに南北六〇間・東西二〇間の街区二つを一単位として、南北五単位・東西七単位からなる町割がほどこされた。また本願寺の御坊は寺内町東端の大川沿

▼天満天神宮　大坂天満の地に鎮座する古社。祭神は菅原道真《すがわらのみちざね》、蛭子命《えびすのみこと》、手力《たぢから》雄《お》命、猿田彦《さるたひこ》命。菅原道真が配流《はいる》の途中に参拝した大将軍社《だいしょうぐんしゃ》に天暦《てんりゃく》年間（九四七〜九五七）道真をまつったのが始まりと伝える。七月二十五日に行われる天満祭は日本三大祭の一つ。

図54　天満本願寺寺内町

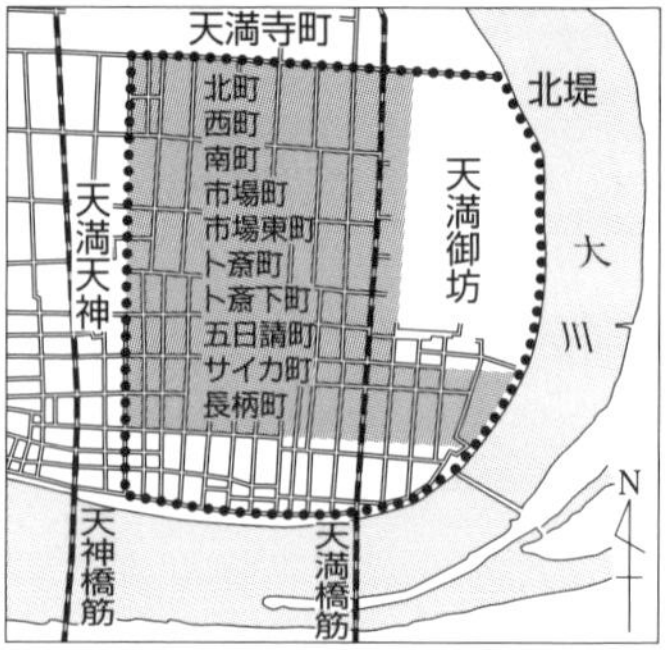

い(現在の造幣局付近)におかれた(図54)。この町割に際して、秀吉はみずから現地に赴き、その指導を行うなど積極的に介入し、堀・土居その他一切の防御施設の設置を許さなかった。もはや中世末期の権勢を誇った本願寺の面影はなかった。

秀吉はここに本願寺を移すことによって、すでに着手していた天満東寺町とあわせて一大寺院地区を天満につくろうとしたのかもしれない。しかし、秀吉の狙いはもっと別のところにあった。なぜならば、本願寺はわずか六年後の一五九一(天正十九)年には秀吉の命によってふたたび京都に移転してしまうからである。

それでは秀吉の真意はどこにあったのであろう。それにはつぎのようなことが考えられる。(1)本願寺を監視しやすい場所において不穏な動きを封じるとともに、その解体をさらに進めること。(2)本願寺寺内町を建設させることによって、天満という地区を一挙に開発してしまうこと。(3)全国からの本願寺への参詣者によって都市大坂の活性化をはかること。

(1)は、天満という地区は大川を挟んで秀吉の居城大坂城からみおろすことができるところで、監視下におくには恰好の場所であった。秀吉は、単に本願寺を監視するだけでなく、一五八九(天正十七)年寺内で起きたある事件をきっかけに寺内への介入を強化し、寺内掟《おきて》▲の制定、検地を行うなど寺内町の解体を推進した。

(2)は、ここに寺内町建設を強制することによって、一定の地区を短期間に、しかも居住者をともなって都市化させることが狙いであった。そしてある程度の町場化が進展したところで本願寺を移転させ、その跡地を大坂城下町の一部に組み込んでいくという実に巧妙なものであった。

(3)は、町の活性化であって、これは都市領主にとってつねに悩みのたねであった。周辺の町から強制的に商人を城下町に移住させるなどの施策は、このことを顕著に示している。本願寺の参詣者はおびただしい数に達し、これは大坂のにぎわいを促進するものであった。秀吉は一五八五年寺内町の建設と同時に、天満へつながる天満橋を架けているが、それも本願寺への参詣の便宜をはかるものであったと考えられる。

以上の船場と天満というまとまった地区の成立によって、中世末の「点」は

▼**寺内掟**　一五八九(天正十七)年天満寺内に犯科人が隠匿されている事実が発覚し、豊臣秀吉はこれを機に寺内掟を定め本願寺の内政に本格的に干渉するようになる。

「線」へ、そして「面」へと拡充されることになった。上町台地上の狭義の城下町部分に加えて、この船場・天満地区もその都市構想のなかに確実に位置づけられていたのであって、改めて都市計画家・秀吉のスケールの大きさを感じざるをえない。

大坂三郷の成立

一六一五（元和元《げんな》）年大坂の陣で勝利をおさめた徳川氏は、合戦で荒廃した大坂を復興するために、家康《いえやす》の外孫松平忠明《まつだいらただあき》▲を大坂に転封した。忠明は一六一九（元和五）年大和郡山《やまとこおりやま》に移封されるまでの五年間、大坂を復興すると同時に多くの重要な都市計画を断行し、近世大坂の基礎を築いた（図55）。

忠明の事績とされる都市計画には、(1)大坂城三の丸（一五九八〈慶長《けいちょう》三〉年秀吉晩年の工事＝大坂城第四期工事によって完成）の壊平《かいへい》と市街地開放、(2)京都伏見《ふしみ》町人の大坂移住、(3)京町堀川《ほりかわ》・江戸堀川・道頓堀《どうとんぼり》川の開削、(4)寺院および墓地の移転廃合、(5)元締衆《もとじめしゅう》▲の任命と市中町割の施行、(6)水帳《みずちょう》の制定と町中の制度化、などがあった。これらのうち実際には忠明以降の幕府直轄領《ばくふちょっかつりょう》時代に実施され

▼**松平忠明**　奥平《おくだいら》松平家の始祖。母は徳川家康娘亀姫《かめひめ》。一五八八（天正十六）年家康の養子となり松平姓を賜る。大坂の陣に参戦し、戦後の大坂藩主として元和期の大坂の復興、都市計画に重要な足跡を残す。

▼**元締衆**　松平忠明は大坂市中復興にあたって有力町人を元締衆に任命して町割を担当させた。

● 図55　近世初期の大坂城下町（明暦元〈1655〉年）

た計画も多いが、その準備を含め忠明は大坂都市計画史上特筆すべき業績を残したのである。

忠明は、豊臣時代に築かれた大坂を母体として、その支配機構を制度的に強化する一方、市街地の拡大を積極的に進めた。京町堀川・江戸堀川・道頓堀川の開削は、明らかに西横堀川から西のいわゆる「堀江《ほりえ》」地区と船場の南の「島之《しまの》内《うち》」の開発を意図したものであった。

これは一六一九年以降の幕府直轄領時代にも継続して進められ、海部堀《かいふぼり》川・長堀《ながほり》川・立売堀《いたちぼり》川・薩摩堀《さつまぼり》川・安治《あじ》川・堀江川・難波堀川・高津入堀《たかついりぼり》川などがつぎつぎと開削された。この結果、従来の船場・天満に加えて、島之内・堀江などの地区が町場化され、十七世紀前半の寛永《かんえい》期（一六二四〜四四）にはいわゆる「大坂三郷《さんごう》」が成立することになる。大坂三郷とは、一種の地域区分で「天満組」（天満）・「北《きた》組」（船場の北半）・「南《みなみ》組」（船場の南半と島之内）をさし、その後町場化された地区は適宜各組に分属された。各組には「惣会所《そうかいしょ》」▲がおかれ、その下位組織である町々を統轄したのである。

こうした市街地の拡大は、つぎにみるような商都大坂の発展と軌を一にした

▼**惣会所**　近世大坂の惣年寄が詰めた役所。大坂三郷である北組・南組・天満組にそれぞれ惣会所が設けられ、大坂三郷惣会所と総称された。

ものであったことはまちがいないが、それと同時に徳川氏によって行われた大坂城再築工事とも大きな関係があったことに注意しておく必要がある。

徳川氏による大坂城再築工事は、松平忠明転封《てんぽう》後の一六二〇(元和六)年より始められ、二八(寛永五)年ごろに完成をみている。これは江戸城と同様、諸国の大名《だいみょう》に労働力を軍役《ぐんえき》として徴発する「天下普請《てんかふしん》」で行われ、秀吉の大坂城のおよそ二倍の規模をめざした大がかりなものであった。こうした工事が大坂の市街化に拍車をかけたことは想像にかたくない。

商都大坂

大坂の人口は十七世紀後半から十八世紀前半にかけて急増し、十八世紀中ごろにはピークの四〇万人台に達した。おそらくこのころが大坂の繁栄の頂点であったと思われる。有名な『浪花《なにわ》の風《かぜ》』▲の冒頭にはつぎのようなことが書かれている。

浪花の地は、日本国中船路の枢要にして、財物輻輳《ふくそう》の地なり。故に、世俗の諺《ことわざ》にも、大坂は日本国中の賄所《まかないどころ》とも云ひ、又は台所なりとも云り。実

▼『浪花の風』　幕末《ばくまつ》の一八五五(安政《あんせい》二)年五月から六三(文久《ぶんきゅう》三)年八月まで大坂町奉行をつとめた久須美祐雋《くすみすけとし》の随筆。大坂の風俗に詳しい。

に其地、巨商・富裕軒《のき》を並べ、諸国の商船常に碇泊し、両川口よりして市中縦横に通船の川路ありて、米穀を始め、日用の品はいふに及ばず、異国の品に至る迄、直ちに寄場と通商なるが故、何一つ欠るものなし。

いかにも誇張した表現がめだつが、大坂の近世の状況を的確にいいあてている。近世初期までは、畿内《きない》の経済的市場は未だ京都が握っていたが、中期にはいるとその交通・立地条件のよさとあいまって、大坂が全国の流通経済機構の主導権を掌握するようになる。「出船千艘・入船千艘」(図56)というように全国各地からの米・商品が大坂に集散し、諸藩《はん》は年貢米《ねんぐまい》(蔵米《くらまい》)を大坂で換金し藩財政にあてた。

したがって、大坂では米や国産物を保管・管理・販売するための施設として多くの「蔵屋敷《くらやしき》」が建てられたのである。蔵屋敷は、交通に便利な中《なか》ノ島《しま》・土佐《とさ》堀《ほり》川・江戸堀川沿岸に集中し、大坂特有の蔵と堀川の景観が形成された(図57)。

蔵米は入札によって米仲買に払い下げ、堂島《どうじま》米市場で取引された。米市場は当初、淀屋橋《よどやばし》橋詰で開かれていたが、一六八八(元禄《げんろく》元)年、堂島新地《しんち》が開発されるとその地に移された。

●── 図56　蔵屋敷の景観(「菱垣《ひがき》新綿《しんめん》番船《ばんせん》川口《かわぐち》出帆《しゅっぱん》之《の》図《ず》」)

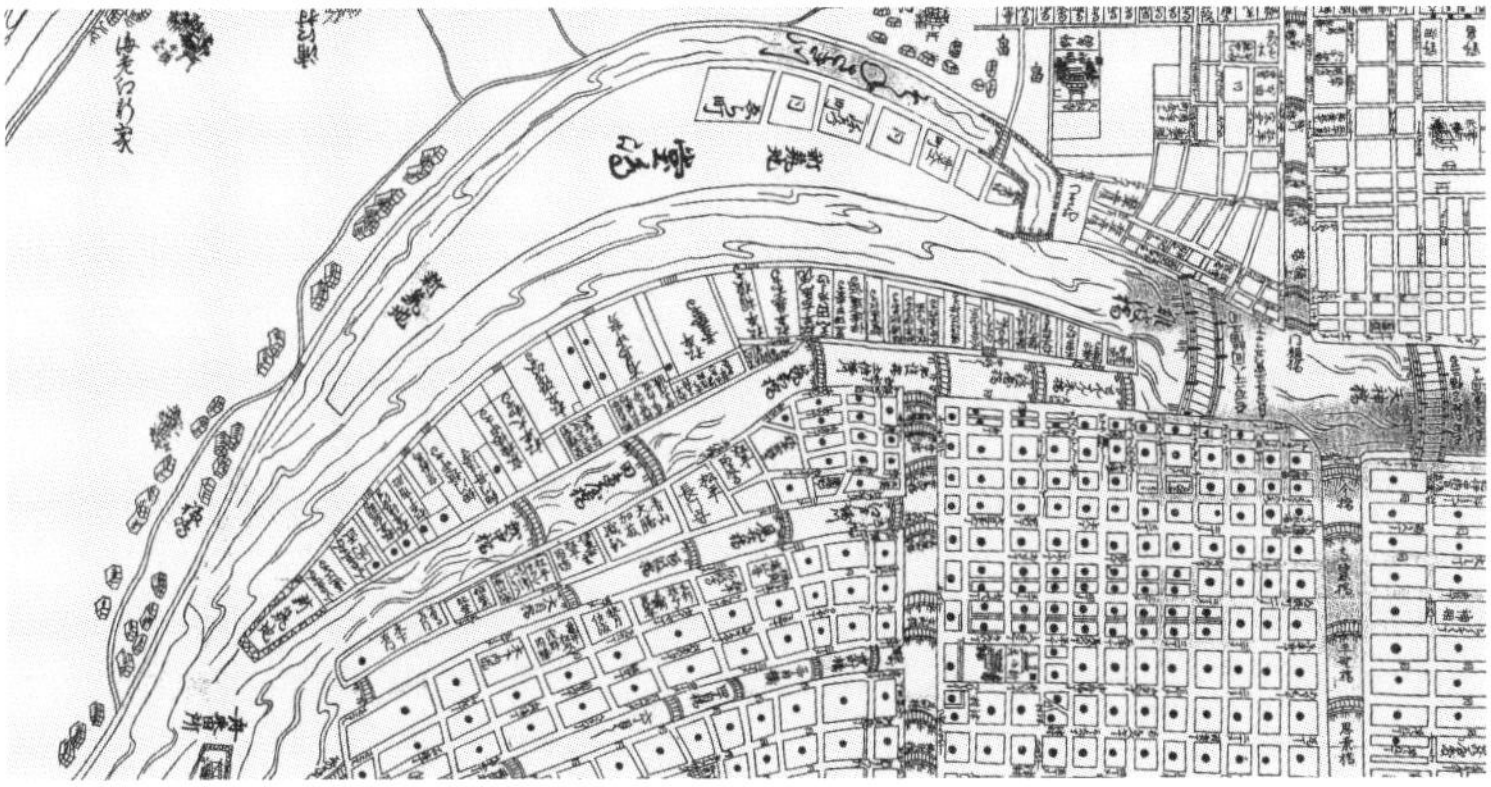

●── 図57　中ノ島付近(「新撰増補大坂大絵図」)

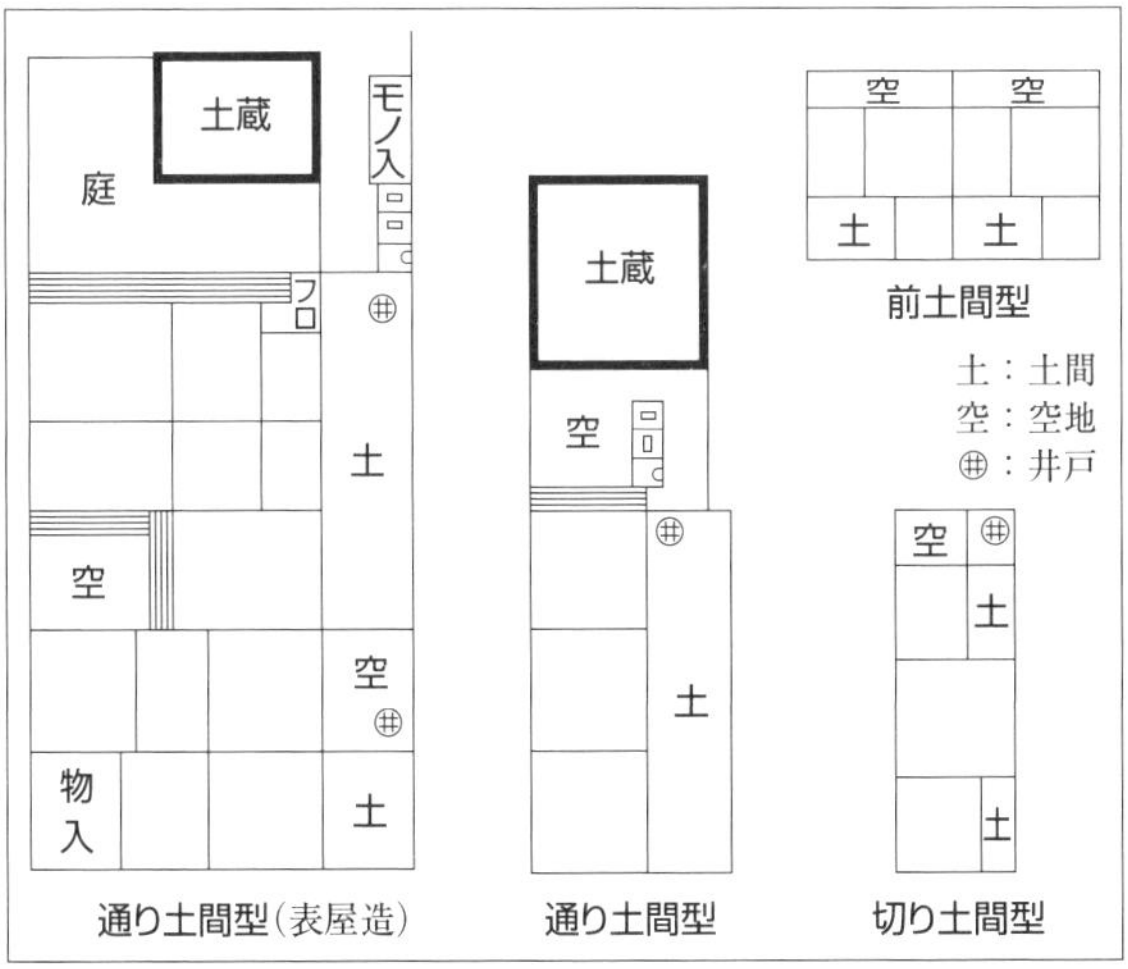

●── 図59　大坂の町屋の類型

堂島米市場とともに、大坂の三大市場と称されたものに、天満青物市場と雑《ざ》喉場《こば》魚市場がある。青物市場は最初、大坂城京橋口《きょうばしぐち》付近にあったが大坂の陣で離散し、その後若干の移動があって天満橋北詰の地に落ち着いた。これは大川沿いの交通の中枢にあって、周辺農村はもとより紀伊《きい》・近江《おうみ》・山城《やましろ》の近国の野菜・果実が集散しおおいににぎわった。

魚市場は、靭《うつぼ》町(現中央区伏見町)におかれたが、上魚屋町(現中央区安土町・備《びん》後《ご》町)、鷺島《さぎじま》(京町堀—江戸堀間)へと移転した。この鷺島の名称を「雑喉場」と変えたものが雑喉場魚市場である(図58)。この市場も諸国からの魚荷で繁盛し、井原西鶴《いはらさいかく》の『日本永代蔵《にほんえいたいぐら》』▲にもその盛況ぶりが記されるほどであった。

大坂の町屋

『守貞漫稿《もりさだまんこう》』▲は京都・大坂・江戸の町屋《まちや》の違いについて述べているが、京都と大坂は一体的に扱われ、通りにわをもたない小規模なものを「小戸《しょうこ》」、通りにわをもつ一般的な町屋を「中戸《ちゅうこ》」、表屋造《おもてやづくり》となる大規模な町屋を「巨戸《きょこ》」と呼んでいる。また二階の壁面と一階の壁面がそろう京坂の町屋を「大坂建《おおさかだて》」と呼び、二階

●—図58 雑喉場(「浪華百景」)

▼『日本永代蔵』 井原西鶴の町人物の第一作で、一六八八(貞享《じょうきょう》五)年刊行。全六巻、各巻五章からなり、努力や才覚によって商売に成功した町人や没落した町人のエピソード三〇話をおさめる。

▼『守貞漫稿』 『近世風俗志』とも。喜多川季荘《きたがわきそう》(守貞)が著わした江戸時代の風俗に関する考証的随筆。内容はおよそ七〇〇項目にのぼり挿図入りで詳細をきわめる。守貞は一八一〇(文化《ぶんか》七)年大坂に生まれ、四〇(天保《てんぽう》十一)年江戸に移住。したがって本書は上方《かみがた》と江戸を比較する視点があり貴重。

の外壁が三尺（約一メートル）後退する江戸のそれとの違いを指摘している。

このように大坂と京都の町屋は共通点が多いが、異なる点も認められる。たとえば一八八六（明治十九）年に作成された『建家取調図面帳』▲に基づく研究によると、大坂には通りにわタイプだけでなく、前土間《まえどま》型・切《き》り土間型・通り土間型・裏土間型など多様な類型が存在していた（八五ページ図59）。裏土間型は長《なが》屋《や》形式のものが多く、大坂で大量に建設された借家建築の存在を示唆している。京都や江戸でも多くの借家が建てられたが、大坂では居住者の回転がことのほか速く、地借《じがり》の多い江戸とは異なる独特の借家文化を形成したと思われる。たとえば『菊屋町《きくやまち》宗旨《しゅうし》人別帳《にんべつちょう》』をみると、みずからは借家に居住して町屋敷経営を行う家主《やぬし》が少なからず存在し、借家に住むことは必ずしも階層の格差を示すものではなかった。また大坂には早くから「裸貸《はだかがし》」と呼ばれるシステムが成立していたことも注目に値する。

裸貸とは町屋の建具や畳を取り払った状態で借り主に貸すシステムで、借り主の意向に応じて建具や畳を調達した。そのためには建具や畳が高度に規格化されていることが前提となるが、大坂では現在いうところの「スケルトン・イ

▼『建家取調図面帳』　大阪市中央区にあった旧愛日《あいじつ》小学校が所蔵していた図面集。旧愛日学区二一カ町の町屋を一筆ごとに書き上げ、町別にまとめたもの。一八八六（明治十九）年前後に作成されたものであるが、記録された建物はほとんどが十九世紀前半期のものとみてよく、近世の大坂中心部の町屋の特徴が判明する貴重な資料群。

ンフィル」、つまり建築の躯体と中身とを分離してフレキシブルに建築を転用するような方法がすでに近世でみられたのである。

また大坂は京都に比べて近世を通じて同業者町が多かったことも特徴で、道修町・升屋《ますや》町など同業者の店が立ちならぶ景観も大坂特有のものであった。つぎにみるように、江戸では近世初期に同業者町が数多く分布したことが知られるが、やがてさまざまな職種の町人が住む町へと性格を変えていく。

⑤—巨大都市江戸と町屋

江戸の建設と初期の町屋

一五九〇(天正《てんしょう》十八)年江戸《えど》に入府《にゅうふ》した徳川家康《とくがわいえやす》はただちに城郭《じょうかく》や掘割《ほりわり》などの都市建設に着手する。当時の町人地はあらたに開削された道三堀《どうさんぼり》▲付近のごく限られた範囲であった。江戸の町人地が本格的に成立するのは、幕府《ばくふ》が開かれた一六〇三(慶長《けいちょう》八)年以降で、日本橋《にほんばし》・銀座《ぎんざ》地区を中心とした町割《まちわり》が実施された。続く一六一三(慶長十八)年には「江戸新開地《しんかいち》に御町割有り、上意《じょうい》に依り、京都及び堺津《さかいつ》商人に屋敷を下賜す、後藤少三郎《ごとうしょうざぶろう》これを奉る」(『駿府記《すんぷき》』▲)とあるように、家康が後藤庄三郎▲に命じて新開地の町割が行われている。

日本橋の当初の町割は、寛永《かんえい》期(一六二四〜四四)の「武州《ぶしゅう》豊島《としま》郡江戸庄図《しょうず》」、一六七〇(寛文《かんぶん》十)年「新板江戸大絵図」や十八世紀の「沽券図《こけんず》」▲「水帳《みずちょう》」などから遡及的に判断して、京間《きょうま》六〇間《けん》(一間＝約二メートル)の正方形街区の中央に二〇間四方の会所地《かいしょち》を設け、道沿いの四辺に奥行二〇間の町屋敷を配するものであったと推定される(図60)。この方六〇間の街区は京都に範を求めたものとみてよ

▼**道三堀**　徳川家康は一五九〇(天正十八)年江戸に入府してみずから着手したのが、江戸湊《みなと》と日比《ひび》谷《や》入江《いりえ》を結節する運河《うんが》の開削で、これを道三堀という。

▼**『駿府記』**　徳川家康が将軍職を退き駿府に隠居していた時期の日記で、著者・成立時期ともに未詳。一六一一〜一五(慶長十六〜元和《げんな》元)年の政治・文化・風俗など多岐にわたる記事をおさめる。

▼**後藤庄三郎**　江戸時代初期の幕府金座《きんざ》の頭人《とうにん》をつとめる。徳川家康の側近として経済・貿易政策に関与した。

▼**沽券図**　沽券とは土地家屋の売買証文のことで、江戸では町全体の町屋敷の間口・奥行寸法、沽券金高、地主《じぬし》名・家守《やもり》名を記した絵図が作成された。一七一〇(宝《ほう》永《えい》七)年から一一(正徳《しょうとく》元)年、および四四(延享《えんきょう》元)年の二度にわたり作成。

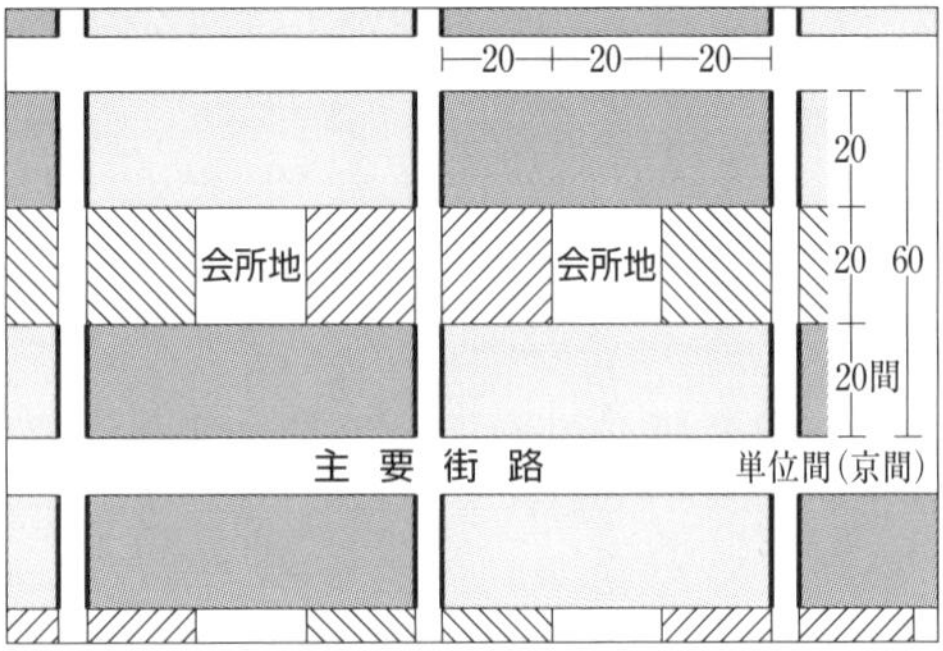

●─図60　江戸下町の町割模式図

▼明暦の大火　一六五七(明暦三)年江戸市中を襲った未曾有の大火。本郷《ほんごう》丸山《まるやま》本妙寺《ほんみょうじ》ほかから出火。江戸市中のほぼ全域、江戸城も天守閣《てんしゅかく》はもとより本丸《ほんまる》・二の丸・三の丸の殿舎《でんしゃ》を焼いた。

いが、町屋敷の奥行《おくゆき》が二〇間でそろえられるのは、豊臣秀吉《とよとみひでよし》による大坂平野《ひらの》町や船場《せんば》の町割に共通し、一方、中央に会所地を設ける手法は、家康の駿府・名古屋に形を変えつつも継承されることなどから、江戸の町割は既往の町割手法を参考にし、江戸の地形などの条件に応じて独自に考案された計画であったと考えられる。十八世紀の日本橋地区の復元図によると、街区は地形に応じて変形しているのに対し、各町屋敷の奥行は二〇間でそろっており、主要街路沿いの両側町の割り出しがまずは優先されたとみられる。

京橋《きょうばし》の銀座四町については、明暦《めいれき》の大火《たいか》▲前の「慶長十七年銀座四町拝領之」の図があり、慶長期の屋敷割を知ることができる(図61)。各町屋敷の間口《まぐち》を合計すると、四丁目西頬《にしつら》の五九間以外はすべて六〇間となり、日本橋と同様京間六〇間を基準とする町割がほどこされたことがわかる。こうした町割は明暦の大火後も継承されたようで、十八世紀の「延享《えんきょう》沽券図」でも基本的な骨格は変わっていない。銀座の西頬の町屋敷の奥行は二〇間であったと推定され、西側の各街区は京間六〇間の正方形街区の四周に奥行二〇間の町屋敷を配する初期の町割形態をよく残している。

一六〇八（慶長十三）年、伏見《ふしみ》にあった銀座四町は京都の室町《むろまち》—烏丸《からすま》間、二条より三条までの四町に移転しており、江戸の銀座は一二（同十七）年駿府より移転・拝領して成立した町で、やはり四町から構成されていた。一六一二年の京橋銀座の町割は上述の後藤庄三郎によるもので、町割奉行として当時銀座頭《かしら》役《やく》であった平野孫左衛門《ひらのまござえもん》▲・淀屋次郎右衛門《よどやじろうえもん》の名が絵図に記されている。

表長屋の町並み

成立期の江戸町は、徳川氏の伝馬《てんま》・染物・鉄砲・大工などの御用を国役《くにやく》▲で請け負う代償として数町単位で町地を拝領した国役請負者が、配下の者に屋敷地を分配して住まわせたと推定される。この国役請負者が初期の町の支配者であり、寛永期の江戸を描いたとされる「江戸図屏風《えどずびょうぶ》」「江戸名所図屏風」▲に登場する表通り角地の豪壮な城郭風町屋《じょうかくふうまちや》は、彼らの権威を誇示するために建てられたと考えられる（図62）。こうした大規模町屋以外は零細な板葺《いたぶき》・柿葺《こけら》の町屋であった。また同業者町には表長屋《ながや》の店舗も立ちならんだ。

日本橋本町通り沿いの大伝馬町は、慶長期に徳川氏に伝馬役▲を請け負うこと

▼**平野孫左衛門**　平野七名家《しちめいけ》の一家、末吉氏。一六〇一（慶長六）年徳川家康が伏見に銀座をおいたとき、父勘兵衛《かんべえ》とともに銀座年寄《としより》に任命される。銀座が江戸に移ると町割奉行をつとめた。

▼**国役**　幕府や大名《だいみょう》が公儀《こうぎ》の役として百姓・町人・職人に賦課した。代表的なものとしては城下町《じょうかまち》建設に対する人足《にんそく》で、工事終了後土地が割りあたえられた。

▼**「江戸図屏風」「江戸名所図屏風」**　いずれも寛永期（一六二四～四四）に製作された江戸および郊外の都市景観を描いた都市図屏風。「江戸図屏風」は江戸の全体像を詳細に描くのに対し、「江戸名所図屏風」は江戸の水辺や民衆の遊楽の情景描写に力点をおく。

▼**伝馬役**　戦国期に宿駅《しゅくえき》に課せられた人馬継立《じんばつぎたて》のための夫役《ぶえき》。江戸時代になると人馬負担や宿入《にゅう》用《よう》などを総称するものとなった。

●―― 図61 初期銀座の町割

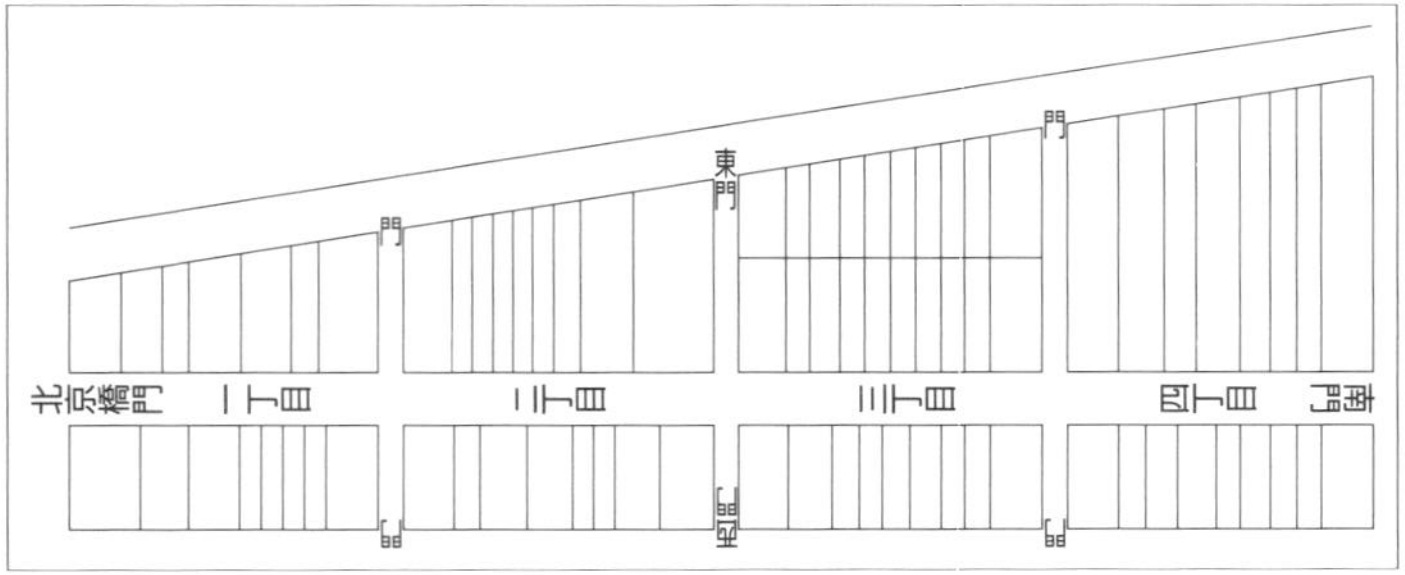

●―― 図62 角地の三階建て町屋(「江戸図屏風」)

●―― 図63 大伝馬町の表長屋

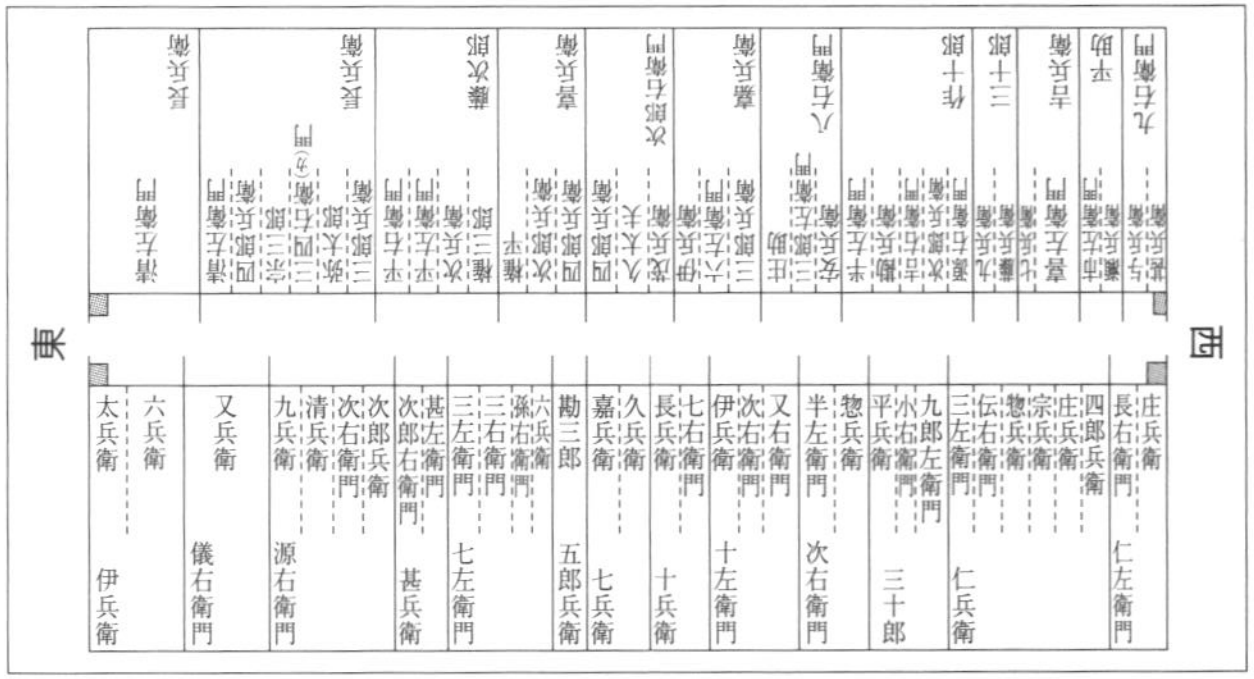

●―― 図64 表長屋(「江戸名所図屏風」)

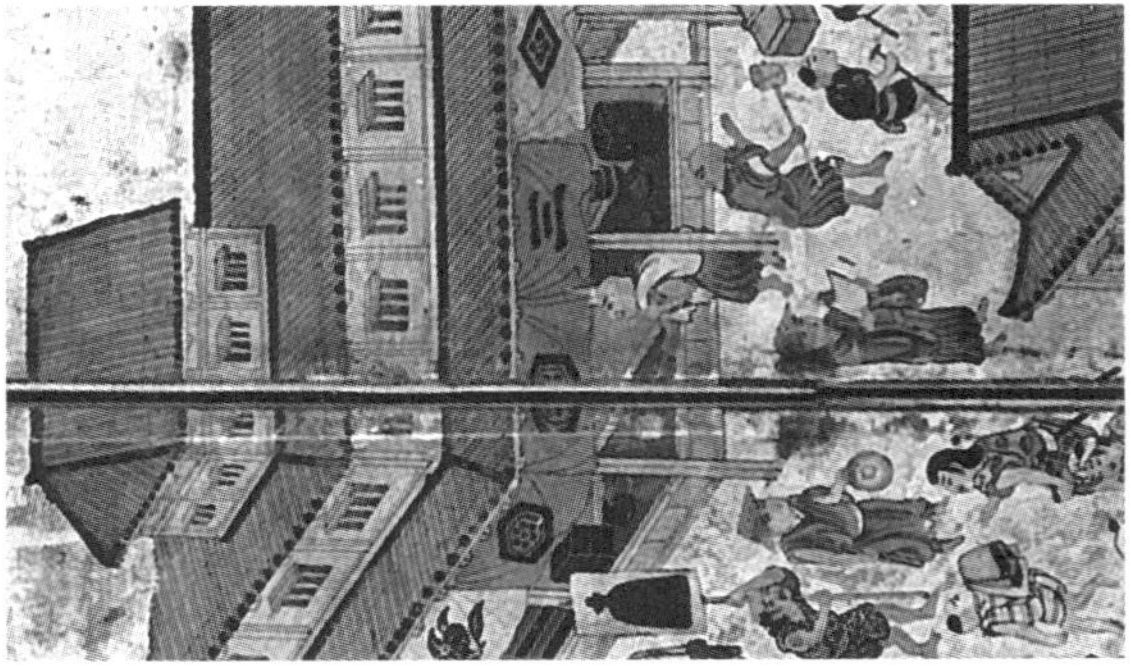

で成立した町で、木綿《もめん》問屋が集住した町として知られる。「享保《きょうほう》五年大伝馬町一丁目店間仕切図《たなまじきりず》」によると、通りにそって二間にも満たない零細間口の表長屋が立ちならぶようすがうかがわれる(図63)。『空《そら》をぼえ』▲には、大伝馬町の初期の景観は「一ケ町通しに、西より東へ建続けし長屋造り」で、「壱軒の店に、二名三名暖簾《のれん》を掛け、雑居して商売」し、「家の数も分らず、ゆえに、屋根に『うだつ』を揚げて、家々の境界とす」という伝承を載せる。このような表長屋の町並みは、初期に同業者町として成立した町の一般的な景観であった可能性があり、出光本《いでみつぼん》「江戸名所図屛風」の日本橋北詰西側には、土間《どま》を共有して複数の店舗が一つの町屋に混在している状況が描かれている(図64)。近世中・後期になると、大店《おおだな》が町屋敷を集積して表通りを占めるようになり、こうした表店の均質な町並みはしだいに姿を消していく。

大店の成立

城下《じょうか》建設が進むにつれ、上方《かみがた》からも多くの商工業者が江戸に移り住むようになり、伊勢《いせ》や近江《おうみ》の商人が江戸に進出した。江戸中期になると初期特権町人は

▼『空をぼえ』　一八八二(明治十五)年序『伝衢《でんく》空をぼえ』(『新燕石十種《しんえんせきじっしゅ》』所収)。菅園《かんえん》なる人物が著わした随筆で、幕末から明治にかけての江戸大伝馬町の見聞を記す。

姿を消し、それにかわって「現金掛値《かけね》なし」▲の店前売りを前面に打ち出した新興商人が台頭する。彼らは本拠を上方におきつつ、江戸の膨大な都市需要のもとで富を蓄積する。近江出身の白木《しろき》屋▲、伊勢出身の越後《えちご》屋▲はその代表で、彼らは本町通りや日本橋通りに巨大な店舗を構え、しだいに大店の立ちならぶ景観が形成される(図65)。江戸の大店は京都とは異なり、隣接する町屋敷を合併した大規模な屋敷間口を示すものが多く、麹《こうじ》町五丁目の岩城升《いわきます》屋▲や通旅籠《とおりはたご》町の下村《しもむら》大丸《だいまる》▲の間口は三六間にも達した。通一丁目の大村《おおむら》白木屋は、日本橋通りに間口京間一五間の店舗をおき、屋敷は裏の町境を越えて平松《ひらまつ》町にまでおよんでいる(図66。一七一八〈享保三〉年)。道路にそって幅一間の「店下《みせした》」と称する庇下《ひさしした》通りがあり、それにそって「踏込《ふみこみ》」という狭い土間がある。内部は仕切のない大空間＝「みせ」が中心にあり、奥には商品や書類などを保管する蔵《くら》が林立する。ここには番頭《ばんとう》以下、百数十人の奉公人《ほうこうにん》が厳格な規律のもとで働いた。大店の町屋には原則として居住空間はなかったが、住み込みの奉公人たちは二階に寝泊りした。大黒屋富山家《だいこくやとみやまけ》▲の本店《ほんだな》は本町二丁目にあり、間口一三間は白木屋とほぼ同規模であるが、左右三間と三間半をそれぞれ伊勢屋と折鍵《おりかぎ》屋に貸しており、店の間口

▼**「現金掛値なし」**　延宝《えんぽう》期、三井越後屋が引き札に書いた文言。それまでは付け(掛値)が一般的だったが、三井は現金商売することによって商品のコストダウンをはかり、大成功をおさめた。

▼**白木屋**　三井越後屋と日本橋を挟んで向かい側に店舗を構えた江戸屈指の小間物《こまもの》・呉服問屋。当主は代々大村彦太郎《おおむらひこたろう》を名乗った。のちの東急《とうきゅう》百貨店の前身。

▼**越後屋**　江戸時代の豪商三井家によって経営された呉服問屋。一六八三(天和《てんな》三)年江戸駿河町に出店し、薄利多売や正札販売など斬新な営業で急伸した。その後、京都仕入店を拡張し、大坂高麗橋《こうらいばし》通りの出店を設けるなど三都《さんと》にまたがる活動を展開した。駿河町の越後屋はつぎつぎと間口を広げ大店舗化し、江戸名所の一つに数えられるほどであった。三越《みつこし》デパートの前身。

は六間半となっている(図67。一七三一〈享保十六〉年)。駿河《するが》町の三井《みつい》越後屋は駿河町の北側に間口三五間の本店(図68。宝暦《ほうれき》期〈一七五一～六四〉)、南側に間口二一間半の向店《むこうだな》を構え、十八世紀後半の奉公人数は計五二〇人におよんだ。越後屋には土蔵《どぞう》以外に大規模な穴蔵《あなぐら》が三カ所あることが注目される。こうした大店は呉服《ごふく》屋がほとんどであった。

一方、近世中・後期の中小規模の町屋の形態は史料が欠如しており詳しい実態は不明であるが、『守貞漫稿《もりさだまんこう》』(図69)や『東京風俗志』(図70)に描かれた江戸の町屋や図71の元鮫河橋《もとさめがはし》八軒町の源兵衛《げんべえ》屋敷をみるかぎり、上方のように通りにわにそって居室がならぶ形式ではなく、前《まえ》土間型の町屋が一般的であったと考えられる。また江戸町屋の庇は通常庇柱が立ち、アーケード状の庇下通りを形成した。

土蔵造の出現

江戸特有の町屋形式とされる土蔵造《づくり》が許可されたのは一七二〇(享保五)年以降のことで、頻発する火災に対処するために建物そのものを不燃化することに

▼**岩城升屋**　近江出身の呉服木綿問屋。高麗橋一丁目に巨大な間口の店を構える豪商で、江戸麹町にも出店があった。幕末の岩城升屋事件の舞台となったことでも知られる。

▼**下村大丸**　江戸時代の豪商。享保期から躍進を始め、大坂心斎《しんさい》橋《ばし》・名古屋・京都などにつぎつぎと店を構え、一七四三(寛保《かんぽう》三)年江戸大伝馬町に開いた呉服店は越後屋・白木屋とならび江戸三大呉服店と呼ばれた。現在の大丸百貨店の前身。

▼**大黒屋富山家**　伊勢商人として三井越後屋とならび称される豪商。伊勢射和《いざわ》の富山家四代栄重《ひでしげ》は当初小田原《おだわら》で呉服商を始め、一五九二(文禄元)年江戸本町一丁目に呉服店を開業。射和の本家は金融業者として財をなし、一六六三(寛文三)年本町二丁目に大黒屋呉服店を、翌年京都室町に呉服店を開業し成長をとげた。

図65　大店の町並み(『江戸名所図会』)

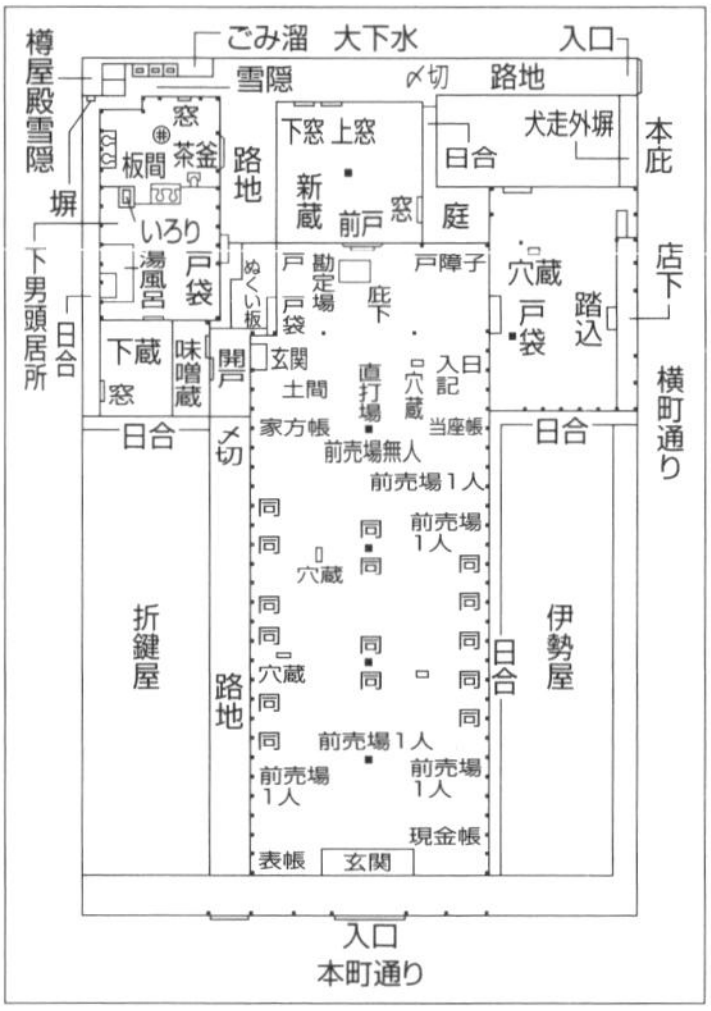

図67　富山大黒屋平面図

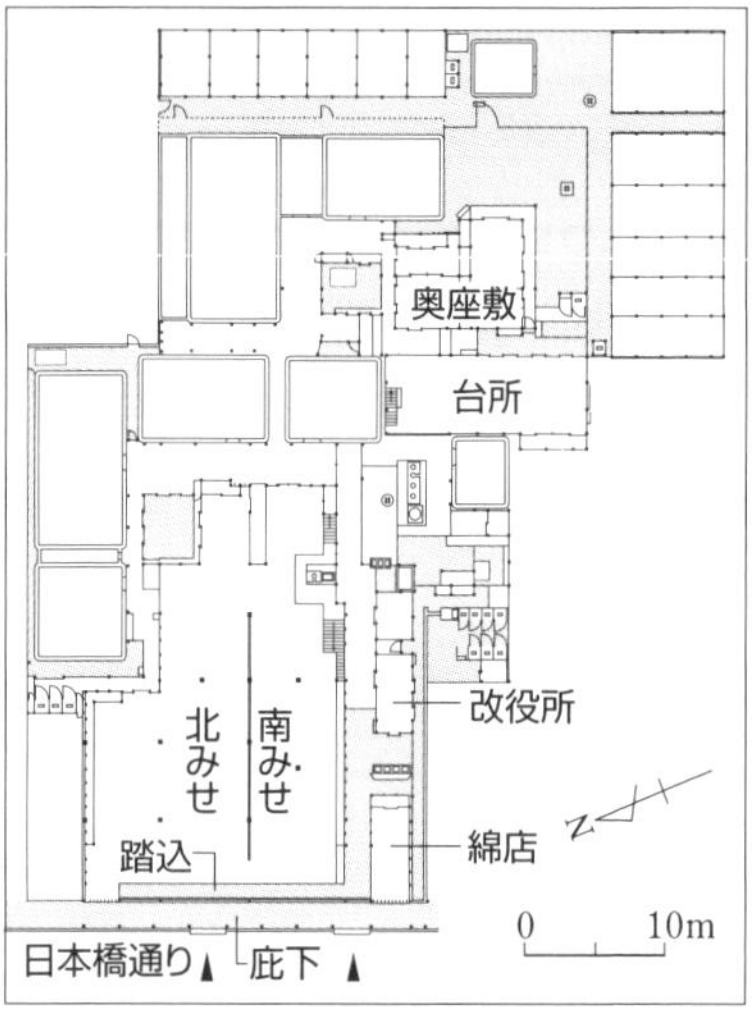

図66　大村白木屋平面図

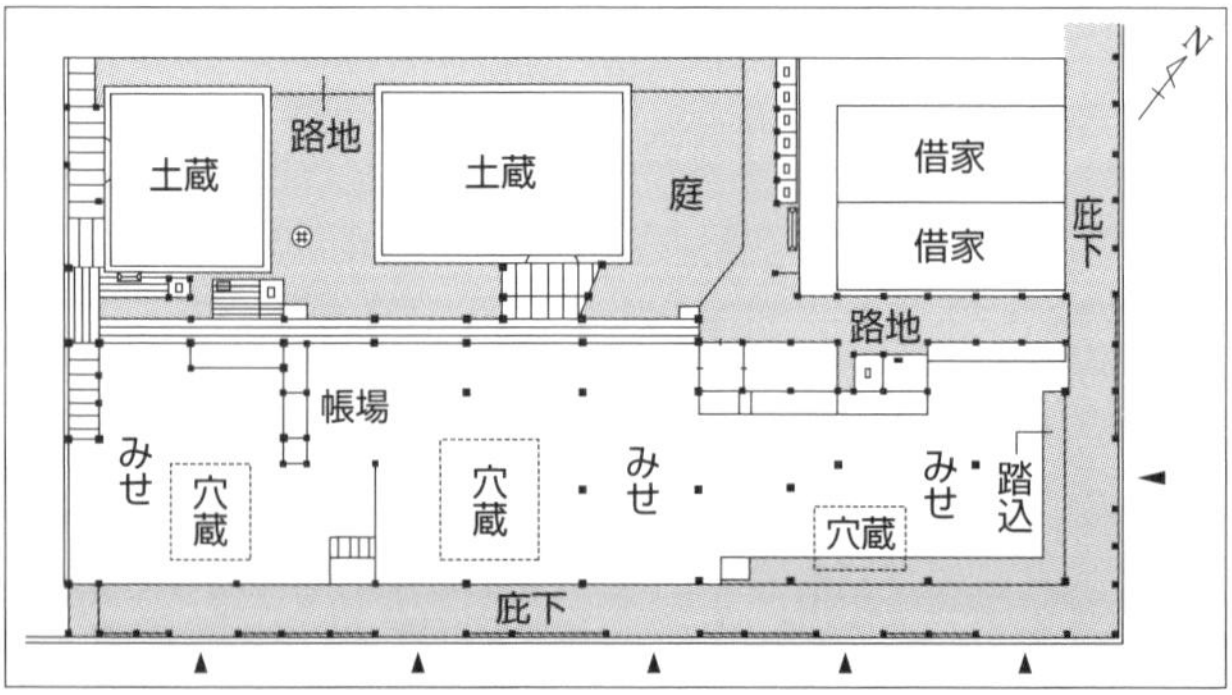

図68　三井越後屋平面図

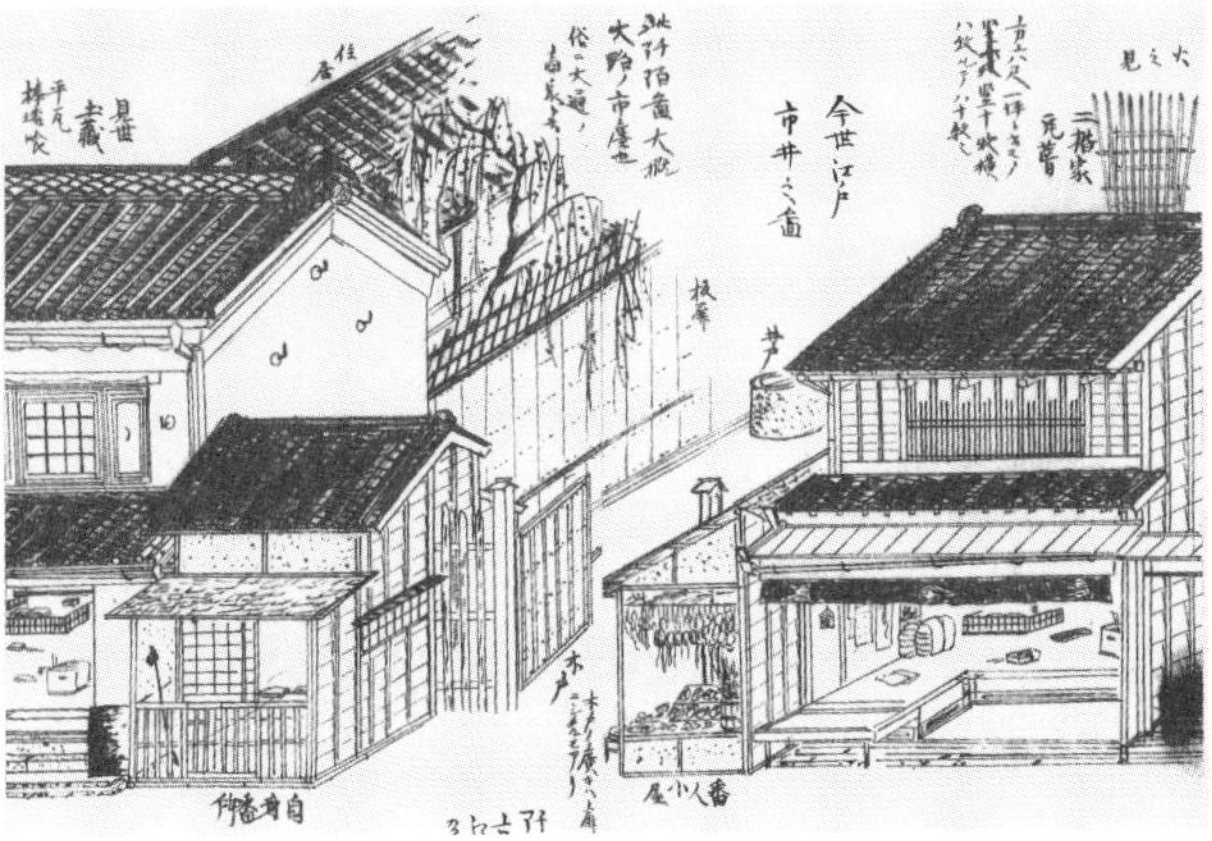

図69　江戸の町屋（『守貞漫稿』）

図70　前土間型町屋（『東京風俗志』）

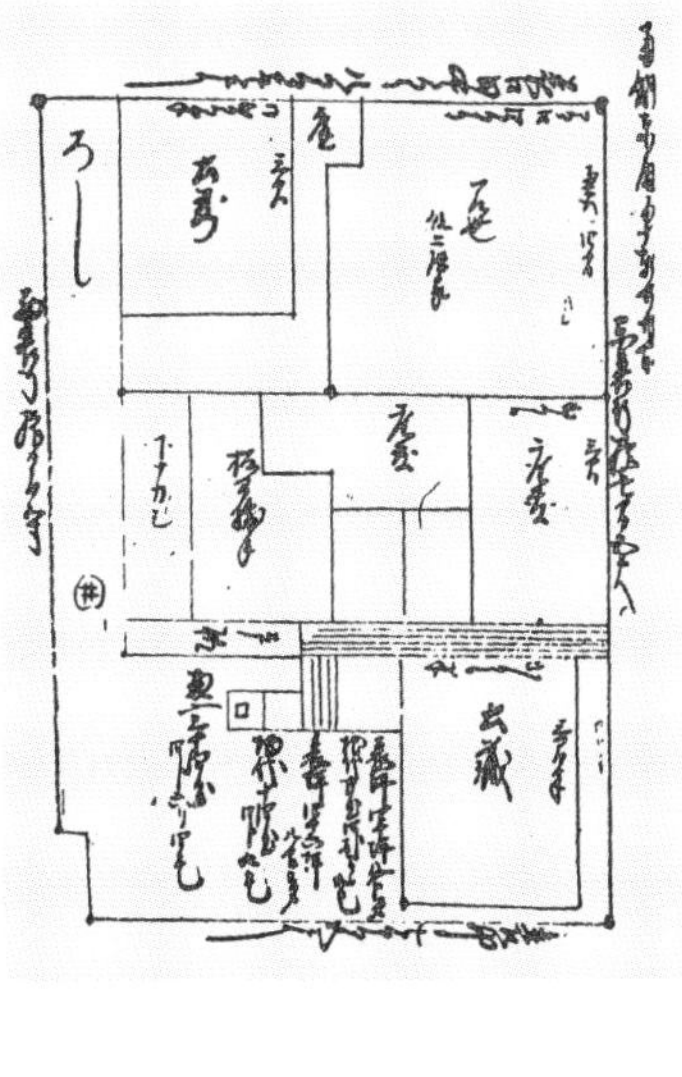

図71　源兵衛屋敷（「地面調ニ付被仰渡並間数上リ高絵図面取調控」）

図72　土蔵造の町屋

目的があった。しかし土蔵造の町屋はこうした防火機能だけでなく、商人の経済力を誇示する建築表現として定着し、大きな箱棟をもつ黒漆喰《しっくい》の重厚な土蔵造が建設された（図72）。土蔵造は店《みせ》（見世）蔵《くら》造とも呼ぶように、町屋のミセ機能を特化させたものといってよく、町屋の特異な成長の結果生まれたものである。しかし江戸に土蔵造が普及するのは幕末《ばくまつ》から明治、とりわけ一八八一（明治十四）年の東京防火令▲以降のことである。

▼東京防火令　明治にはいっても東京では大火が頻発した。一八八一（明治十四）年神田《かんだ》松枝《まつえだ》町から出火した火事は日本橋・本所《ほんじょ》・深《ふか》川《がわ》の約一万戸を焼きつくす大火となり、府知事松田道之《まつだみちゆき》はこれを契機に神田橋本《はしもと》町を買い上げ、「東京市防火路線及屋上制限令」（東京防火令）を公布・実施した。これによって東京の中心部ではあらたな土蔵造の町並みが形成される。

⑥——町屋の近代

吉島家住宅

町屋《まちや》は近世の産物と一般に考えられているし、たしかに近世都市は町屋を育てるインキュベータ（孵卵器）の役割を果たした。町屋の地域的な特性も近世を通じて形成されたといえる。しかし町屋の意匠、技術的な側面の発達に注目すると、その完成度がピークに達するのは実は明治期のことである。その好例として飛驒《ひだ》高山《たかやま》の吉島家《よしじまけ》住宅があげられる。

高山の吉島家の初代は一八二三（文政《ぶんせい》六）年没の休兵衛《きゅうべえ》で、その後代々生糸《きいと》や繭《まゆ》の売買、金融・酒造業を営み財をなした。一八七五（明治八）年高山の大火後、翌七六（同九）年に再建したが、一九〇五（同三十八）年ふたたび類焼した。四代目吉島斐之《あやゆき》は一九〇七（明治四十）年再建を行った。大工は主屋《しゅおく》を川原《かわはら》町西田伊《にしだい》三郎《さぶろう》が、座敷を吉城《よしき》郡上宝《かみたから》村（現岐阜県高山市）の内山新造《うちやましんぞう》が担当した。現存する吉島家住宅はこのとき建てられたものである。

主屋は二階建てであるが全体の立ちは低く、下手《しもて》の落棟部は中二階である。

図73　吉島家住宅

図74　吉島家住宅内部

図75　日下部家住宅

図76　川越の土蔵造の町並み

一階前面にはさまざまな格子《こうし》が幅広くつき、洗練された意匠をもつ（図73）。内部は、棟まで達する太い大黒柱《だいこくばしら》が中央に立ち、大黒柱に組み込まれた吹抜部分の梁組《はりぐみ》は、丁寧に鉋《かんな》で仕上げられ、表面に漆《うるし》を塗られている。梁組上部には束と束をつなぐ角材が縦横にくまれ、全体として豪快かつ洗練された吹抜空間が演出されている（図74）。隣接する日下部《くさかべ》家も大規模な町屋で、一八七九（明治十二）年の建設である（図75）。

明治にはいるとそれまで住宅に対して加えられていた幕府《ばくふ》の厳しい建築規制がなくなり、建築が大規模化するとともに、大工が自由に素材を選び、今までつちかった技術を開花するチャンスが到来する。吉島家や日下部家はこうした時代が生んだ珠玉の町屋である。

土蔵造の町並み

江戸の至近距離にあって、北関東屈指の物資集散地として栄えた城下町川越《じょうかまちかわごえ》は土蔵造《どぞうづくり》の町並みで有名である。しかし近世の川越は元禄《げんろく》期にはほとんど草葺《くさぶき》の町屋しかなく、これがやがて板葺《いたぶき》、瓦葺《かわらぶき》へと推移していくが、現在のような

●—図77　明治期の土蔵造の町並み

土蔵造の町並みが形成されるのは明治にはいってからのことである。

一八九三(明治二十六)年に川越の町を襲った火事はつぎつぎと火の手を強め、川越市中のおよそ三分の一を焼きつくす大火となった。この大火の教訓から川越の町は耐火性能に優れた土蔵造の町屋として生まれ変わる。現在江戸風、あるいは小江戸といわれる重厚な黒漆喰《しっくい》の土蔵造からなる町並みは明治後期に形づくられたものなのである(図76)。

川越が参考にした土蔵造は明治の東京のそれであったはずで、東京でも一八八一(明治十四)年の東京防火令を契機に新しい構造である煉瓦《れんが》造や石造よりは、むしろ伝統的な耐火建築である土蔵造が市民の広範な支持を受けて広がり、定着しつつあった。明治の東京一五区時代の写真をみると、東京の中心部では土蔵造の町屋が主流を占めていたようすがうかがわれる(図77)。新しい意匠をまとった洋風建築は東京全体にとって部分的かつ局所的な存在であった。ここでも近世の延長として明治に一定の成熟を迎えた町屋の姿を確認することができる。

図78　昭和初期の銀座

▼関東大震災　一九二三(大正十二)年九月一日、関東を襲ったマグニチュード七・九の大地震。東京・横浜の都市部では震災にともなう火災で未曾有の被害をこうむった。震災後東京では後藤新平《ごとうしんぺい》率いる帝都復興事業が推進された。

町屋の近代化と衰退

近代都市は徐々に進む西欧化のなかで、業務や居住のあり方を変えていった。新しく登場するオフィスという建築タイプと都市に大量に生み出される第三次産業に従事するホワイトカラー層は、町屋という伝統的な都市建築を町のなかから駆逐していく。近世の薬種問屋で栄えた大坂道修《どしょう》町や京都の有力な呉服《ごふく》商が立ちならぶ室町《むろまち》界隈では、しばらくのあいだ町屋形式を新しい業務に対応させつつ伝統的な町並みを継承したが、町屋は近代的な業務にはいかにも不適合なものとして切り捨てられていく運命にあった。

関東大震災《かんとうだいしんさい》▲以降の銀座《ぎんざ》に代表される都市の繁華街では、それまでの町屋における座売り商売から、都市を自由に遊歩する人びとによるウインドーショッピングという新しい行動形態が定着する(図78)。

町屋は本来、現在いうところの併用住宅であるところにその本質があった。住まいと生業が同居する建築は、単なる生活の器を超えた対社会性と都市性をおびていた。しかしホワイトカラー層が大勢を占める都市部では、職と住の分離と核家族化が急速に進み、住むことに特化した「住宅地」の形成をみることに

●── 図79　同潤会青山アパート完成予想図

▼同潤会アパート　同潤会は関東大震災後の罹災地区を中心に住宅供給を行った公益団体で、鉄筋コンクリート造のサラリーマン向けアパートを数多く建設した。

なる。東京では関東大震災以降、私鉄沿線に数々の郊外住宅地が成立したことが知られている。モダンな雰囲気の横溢する震災後の銀座を闊歩する若者はこうした郊外住宅地に住む家族の子弟であったという。

都市部では同潤会《どうじゅんかい》アパート▲を代表する集合住宅が、やはり震災後の東京の各所に登場する(図79)。町屋は基本的に複数世帯の立体的な居住をしてこなかったので、西欧の主要都市で十九世紀に定着した都市型集合住宅の経験はこれがはじめてであった。町屋の伝統とは切れたところで都市の居住がスタートする。

ところで江戸の町屋は早くから併用住宅というよりも、ミセ機能を特化した形で進展したことはすでに述べた。これは関西の京都や大阪と大きく異なるところで、ある意味で近代を先取りしていたともいえる。関西および城下町を母体とする地方都市では、東京と比較して、町屋の生命は比較的よく保たれたといってよいだろう。

町屋と町並みの現在

一九六〇年代後半の日本における未曾有の高度経済成長は、東京はもとより地方都市にもあたえた影響は甚大であった。都市の現代化がこのころから急速に進んだことは疑いない。都市における活発な建設活動は都市の未来を拓くものとして、大きな疑いもなく歴史的な建築遺産はいとも簡単に取り壊されていったことは周知のとおりである。

つぎつぎと失われていく伝統的な町並みを守るべく、一九七五（昭和五十）年文化財保護法《ぶんかざいほごほう》▲が改正され、伝統的建造物群保存地区制度（伝建《でんけん》制度）がスタートする。地方ではゆるやかな資本主義経済の浸透という事情もあって、幕末《ばくまつ》から明治にかけて形成された町並みはまだよく残っており、この制度によって破壊

▼**文化財保護法**　一九五〇（昭和二十五）年に成立したわが国の文化財保護・活用に関する基本法。何度か改正が行われたが、なかでも一九七五（昭和五十）年の改正はそれまでの建築単体保存から建築群を保存できる、いわゆる「伝統的建造物群保存地区制度」を誕生させた。

●── 図80　妻籠宿

▼**妻籠宿**　長野県木曾《きそ》郡南木曾町にあって、江戸《えど》時代を通じて中《なか》山道《せんどう》六十九宿の一つとして栄えた。しかし戦後しだいに過疎化が進行し、町の再生をかけて一九六八（昭和四十三）年から三年計画で町並み保存事業に取り組んだ。一九七六（昭和五十一）年重要伝統的建造物群保存地区に選定。町並み保存の先駆的な例としてよく知られる。

から救われた町は少なくない。しかしその多くはすでに町並み自体が住民の生活や都市的活動と有機的に関係をもっていた時代のそれではなかった。妻籠《つまご》宿《しゅく》▲のように過疎《かそ》に苦しむ地方都市が観光収入に生き残りをかけて、町並み保存に踏み切った例はその典型的なものである（図80）。

建築はポストモダンの時代に差しかかっていた。モダニズムがめざしてきたことがやがて無効化し、よりどころを失った建築はハイテックな技術主義を加速させるか、歴史を引用・操作するレトロスペクティブな態度がめだつようになる。一九七〇年代後半の町並み保存もこうした文脈から逃れることはできなかった。伝建制度によって救済された町並みは、われわれにとって貴重な財産であると同時に、本来の意味を失った町並みは映画のセットやテーマパークの町並みに酷似していることも事実である。現在再利用が進んでいる町屋《まちや》もそれ自体賞賛すべきことではあるが、大きくはこの延長上にある。わたしたちは、もはや過去に戻ることはできないが、町屋と町並みの歴史から、都市と建築のあらたな関係を構想する途はまだ残されているはずである。

図41　　　細見美術館
図42　　　『図集　日本都市史』(原図は小川保「近世京都の町並み―文化五年指物屋町―」『日本建築学会大会学術梗概集〈計画系〉』1982年)
図43　　　小林賢司(撮影)
図44　　　岡本茂男(撮影)
図46　　　岡本良一・守屋毅編『明治・大正図誌11巻　大阪』筑摩書房
図47　　　小川保「京都における三井家の屋敷―集積過程からみた特質―」『三井文庫論叢』第14号, 1980年
図48・49　『図集　日本都市史』
図51・52　独立行政法人国立公文書館
図53　　　岡本良一『大阪城400年』大阪書籍, 1982年
図54　　　『図集　日本都市史』
図55　　　高橋康夫・吉田伸之編『日本都市史入門Ⅰ　空間』東京大学出版会, 1989年
図56　　　大阪城天守閣
図57　　　大阪府立中之島図書館・佐古慶三監修『古板大坂地図集成』清文堂出版, 1970年
図58　　　大阪城天守閣
図59　　　都市史研究会編『年報　都市史研究5　商人と町』山川出版社, 1997年
図60　　　玉井哲雄『江戸　失われた都市空間を読む』平凡社, 1986年
図61　　　田谷博吉『近世銀座の研究』吉川弘文館, 1963年
図62　　　国立歴史民俗博物館
図63　　　北島正元『伊勢店と江戸商業』吉川弘文館, 1962年
図64　　　出光美術館
図66～68　『図集　日本都市史』
図69　　　国立国会図書館
図70　　　平出鏗二郎『東京風俗志』冨山房, 1901年
図71　　　東京都公文書館
図72　　　東京府編『東京府史蹟』東京府, 1919年
図73　　　吉島家・高山市観光課
図74　　　吉島家・二川幸夫(撮影)
図75　　　日下部民藝館
図76　　　太田博太郎ほか編『図説　日本の町並み3　関東編』第一法規出版, 1982年
図77　　　『東京府史蹟』
図78　　　石黒敬章
図79　　　同潤会編『大正十四年度事業報告』同潤会, 1926年
図80　　　佐藤英世(撮影)

●—図版所蔵・提供者・出典一覧(敬称略)

カバー表	©bpk / Museum für Asiatische Kunst, SMB
カバー裏	林家・大阪城天守閣
扉	宮内庁書陵部
図1	宮澤智士『日本列島民家入門—民家の見方・楽しみ方—』INAX, 1993年
図4～6	秋山國三・仲村研『京都「町」の研究』法政大学出版局, 1975年
図7	高橋康夫『京都中世都市史研究』思文閣出版, 1983年
図8	『京都「町」の研究』
図9	『京都中世都市史研究』
図10	西山良平『都市平安京』京都大学学術出版会, 2004年
図11	張在元編著『中国　都市と建築の歴史』鹿島出版会, 1994年
図12	J.B. Ward-Perkins "*Roman Imperial Architecture*" The Pelican history of art, London, 1999 (2nd ed.)
図13	陣内秀信『都市を読む＊イタリア』法政大学出版局, 1988年
図14	国立歴史民俗博物館
図15	吉村家・鈴木充(撮影)・日本建築学会編『日本建築史図集　新訂版』彰国社, 1980年
図16	財団法人角屋保存会・宮本長二郎『日本の美術288　民家と町並　近畿』至文堂, 1990年
図17	国立歴史民俗博物館
図18	田中家・中央公論新社
図19	宮内庁三の丸尚蔵館
図20	国立歴史民俗博物館
図21	清浄光寺
図22・23	田中家・中央公論新社
図24	宮本長二郎(撮影)・『日本の美術288　民家と町並　近畿』
図25	財団法人今西家保存会・鈴木充(撮影)・『日本建築史図集　新訂版』
図26	国立歴史民俗博物館
図28	「洛中洛外図屛風」(歴博甲本)模写・伊藤鄭爾『中世住居史　第二版』東京大学出版会, 1976年
図29	『信貴山縁起絵巻』模写・『日本建築史図集　新訂版』
図30	清浄光寺
図31	保立道久「宿と市町の景観」『自然と文化』第13号, 1986年
図32	清浄光寺
図33・34	高橋康夫・吉田伸之・宮本雅明・伊藤毅編『図集　日本都市史』東京大学出版会, 1993年
図35	京都市編『京都の歴史4　桃山の開花』学藝書林, 1969年
図36	三井記念美術館
図37	朝尾直弘ほか『日本の社会史　第6巻　社会的諸集団』岩波書店, 1988年
図38～40	『図集　日本都市史』

文化の成熟』東京大学出版会, 2006年
鈴木理生『江戸の都市計画』三省堂, 1988年
関野克監修『日本の民家5～7　町家Ⅰ～Ⅲ』学習研究社, 1980年
高橋康夫『京都中世都市史研究』思文閣出版, 1983年
高橋康夫『洛中洛外　環境文化の中世史』平凡社, 1988年
高橋康夫『京町家・千年のあゆみ―都にいきづく住まいの原型―』学芸出版社, 2001年
高橋康夫・吉田伸之編『日本都市史入門Ⅰ　空間』東京大学出版会, 1989年
高橋康夫・吉田伸之編『日本都市史入門Ⅱ　町』東京大学出版会, 1990年
高橋康夫・吉田伸之・宮本雅明・伊藤毅編『図集　日本都市史』東京大学出版会, 1993年
谷直樹『町に住まう知恵―上方三都のライフスタイル―』平凡社, 2005年
玉井哲雄『近世江戸町人地に関する研究』近世風俗研究会, 1977年
玉井哲雄『江戸　失われた都市空間を読む』平凡社, 1986年
塚田孝『近世の都市社会史―大坂を中心に―』青木書店, 1996年
塚田孝・吉田伸之編『近世大坂の都市空間と社会構造』山川出版社, 2001年
東京都公文書館編『都史紀要34　江戸住宅事情』東京都, 1990年
都市史図集編集委員会編『都市史図集』彰国社, 1999年
豊田武『増訂　中世日本商業史の研究』岩波書店, 1952年
内藤昌『江戸と江戸城』鹿島研究所出版会, 1967年
西川幸治『日本都市史研究』日本放送出版協会, 1972年
西坂靖『三井越後屋奉公人の研究』東京大学出版会, 2007年
西山良平『都市平安京』京都大学学術出版会, 2004年
野口徹『中世京都の町屋』東京大学出版会, 1988年
初田亨『都市の明治―路上からの建築史―』筑摩書房, 1981年
林屋辰三郎「平安京の街頭桟敷」『雑談』1-4, 1946年
日向進『近世京都の町・町家・町家大工』思文閣出版, 1998年
藤森照信『明治の東京計画』岩波書店, 1982年
保立道久「宿と市町の景観」『自然と文化』13, 1986年
宮本雅明『都市空間の近世史研究』中央公論美術出版, 2005年
吉田早苗「藤原実資と小野宮第―寝殿造に関する一考察―」『日本歴史』350, 1977年
吉田伸之『巨大城下町江戸の分節構造』山川出版社, 1999年
吉見俊哉『都市のドラマトゥルギー―東京・盛り場の社会史―』弘文堂, 1987年
脇田修『日本近世都市史の研究』東京大学出版会, 1994年

●—参考文献

秋山國三・仲村研『京都「町」の研究』法政大学出版局, 1975年
朝尾直弘『朝尾直弘著作集6　近世都市論』岩波書店, 2004年
浅野秀剛・吉田伸之編『大江戸日本橋絵巻—『熈代勝覧』の世界—』講談社, 2003年
石井進・大三輪龍彦編『よみがえる中世3　武士の都鎌倉』平凡社, 1989年
伊藤毅『近世大坂成立史論』生活史研究所, 1987年
伊藤毅『都市の空間史』吉川弘文館, 2003年
伊藤鄭爾『中世住居史』東京大学出版会, 1958年
伊藤ていじ『日本の美術21　民家』平凡社, 1965年
稲垣栄三責任編集『復元日本大観6　民家と町並み』世界文化社, 1987年
上田篤・土屋敦夫編『町家　共同研究』鹿島出版会, 1975年
大阪市参事会編『大阪市史第5』大阪市, 1911年
大阪市都市住宅史編集委員会編『まちに住まう—大阪都市住宅史—』平凡社, 1989年
太田博太郎『日本建築史論集Ⅱ　日本住宅史の研究』岩波書店, 1984年
大場修『近世近代町家建築史論』中央公論美術出版, 2004年
岡本良一編『日本名城集成2　大坂城』小学館, 1985年
小川保「京都における三井家の屋敷—集積過程からみた特質—」『三井文庫論叢』第14号, 1980年
小川保「近世京都の町並み—文化五年指物屋町—」『日本建築学会大会学術梗概集〈計画系〉』1982年
小野均『近世城下町の研究』至文堂, 1928年
鎌倉考古学研究所編『中世都市鎌倉を掘る』日本エディタースクール出版部, 1994年
川本重雄『寝殿造の空間と儀式』中央公論美術出版, 2005年
京都市編『京都の歴史4　桃山の開花』学藝書林, 1969年
京都市編『京都の歴史6　伝統の定着』学藝書林, 1973年
小泉和子・玉井哲雄・黒田日出男編『絵巻物の建築を読む』東京大学出版会, 1996年
幸田成友『江戸と大阪』冨山房, 1934年
小島道裕『戦国・織豊期の都市と地域』青史出版, 2005年
佐久間貴士編『よみがえる中世2　本願寺から天下一へ大坂』平凡社, 1989年
佐藤信・吉田伸之編『新体系日本史6　都市社会史』山川出版社, 2001年
島村昇・鈴鹿幸雄ほか『京の町家』鹿島研究所出版会, 1971年
清水擴『日本の美術287　民家と町並　関東』至文堂, 1990年
陣内秀信『東京の空間人類学』筑摩書房, 1985年
陣内秀信『都市を読む＊イタリア』法政大学出版局, 1988年
鈴木博之・石山修武・伊藤毅・山岸常人編『シリーズ都市・建築・歴史2　古代社会の崩壊』東京大学出版会, 2006年
鈴木博之・石山修武・伊藤毅・山岸常人編『シリーズ都市・建築・歴史5　近世都市の成立』東京大学出版会, 2006年
鈴木博之・石山修武・伊藤毅・山岸常人編『シリーズ都市・建築・歴史6　都市

日本史リブレット35

町屋《まちや》と町並《まちな》み

2007年7月25日　1版1刷　発行
2021年12月25日　1版5刷　発行

著者：伊藤《いとう》　毅《たけし》

発行者：野澤武史

発行所：株式会社 山川出版社

〒101－0047　東京都千代田区内神田1－13－13
電話　03(3293)8131(営業)
　　　03(3293)8135(編集)
https://www.yamakawa.co.jp/
振替　00120-9-43993

印刷所：明和印刷株式会社

製本所：株式会社 ブロケード

装幀：菊地信義

Printed in Japan ISBN 978-4-634-54350-8

日本史リブレット 第Ⅰ期［68巻］・第Ⅱ期［33巻］ 全101巻

1 旧石器時代の社会と文化
2 縄文の豊かさと限界
3 弥生の村
4 古墳とその時代
5 大王と地方豪族
6 藤原京の形成
7 古代都市平城京の世界
8 古代の地方官衙と社会
9 漢字文化の成り立ちと展開
10 平安京の暮らしと行政
11 蝦夷の地と古代国家
12 受領と地方社会
13 出雲国風土記と古代遺跡
14 東アジア世界と古代の日本
15 地下から出土した文字
16 古代・中世の女性と仏教
17 古代寺院の成立と展開
18 都市平泉の遺産
19 中世に国家はあったか
20 中世の家と性
21 武家の古都、鎌倉
22 中世の天皇観
23 環境歴史学とはなにか
24 武士と荘園支配
25 中世のみちと都市
26 戦国時代、村と町のかたち
27 破産者たちの中世
28 境界をまたぐ人びと
29 石造物が語る中世職能集団
30 中世の日記の世界
31 板碑と石塔の祈り
32 中世の神と仏
33 中世社会と現代
34 秀吉の朝鮮侵略
35 町屋と町並み
36 江戸幕府と朝廷
37 キリシタン禁制と民衆の宗教
38 慶安の触書は出されたか
39 近世村人のライフサイクル
40 都市大坂と非人
41 対馬からみた日朝関係
42 琉球の王権とグスク
43 琉球と日本・中国
44 描かれた近世都市
45 武家奉公人と労働社会
46 天文方と陰陽道
47 海の道、川の道
48 近世の三大改革
49 八州廻りと博徒
50 アイヌ民族の軌跡
51 錦絵を読む
52 草山の語る近世
53 21世紀の「江戸」
54 近代歌謡の軌跡
55 日本近代漫画の誕生
56 海を渡った日本人
57 近代日本とアイヌ社会
58 スポーツと政治
59 近代化の旗手、鉄道
60 情報化と国家・企業
61 民衆宗教と国家神道
62 日本社会保険の成立
63 歴史としての環境問題
64 近代日本の海外学術調査
65 戦争と知識人
66 現代日本と沖縄
67 新安保体制下の日米関係
68 戦後補償から考える日本とアジア
69 遺跡からみた古代の駅家
70 古代の日本と加耶
71 飛鳥の宮と寺
72 古代東国の石碑
73 律令制とはなにか
74 正倉院宝物の世界
75 日宋貿易と「硫黄の道」
76 荘園絵図が語る古代・中世
77 対馬と海峡の中世史
78 中世の書物と学問
79 史料としての猫絵
80 寺社と芸能の中世
81 一揆の世界と法
82 戦国時代の天皇
83 日本史のなかの戦国時代
84 兵と農の分離
85 江戸時代のお触れ
86 江戸時代の神社
87 大名屋敷と江戸遺跡
88 近世商人と市場
89 近世鉱山をささえた人びと
90 「資源繁殖の時代」と日本の漁業
91 江戸の浄瑠璃文化
92 江戸時代の老いと看取り
93 近世の淀川治水
94 日本民俗学の開拓者たち
95 軍用地と都市・民衆
96 感染症の近代史
97 陵墓と文化財の近代
98 徳富蘇峰と大日本言論報国会
99 労働力動員と強制連行
100 科学技術政策
101 占領・復興期の日米関係